SILVINO JOSÉ FRITZEN

Jogos Dirigidos

Para grupos, recreação e aulas de educação física

24ª Edição

EDITORA VOZES

Petrópolis
1999

Rua Frei Luís, 100
25689-900 Petrópolis, RJ
Internet: http://www.vozes.com.br
Brasil

FICHA TÉCNICA DA VOZES

DIRETOR EDITORIAL
Avelino Grassi

EDITOR
Lídio Peretti
Edgar Orth

DIRETOR INDUSTRIAL
José Luiz Castro

EDITOR DE ARTE
Omar Santos

EDITORAÇÃO
Diagramação: Beatriz Salgueiro
Supervisão gráfica: Valderes e Monique Rodrigues

ISBN 85.326.0420-X

Este livro foi composto e impresso pela Editora Vozes Ltda.

SUMÁRIO

APRESENTAÇÃO

Todos somos seres humanos e nos gastamos com o trabalho e as preocupações diárias. O nosso sistema nervoso fica tenso, e a tensão diminui a eficiência do trabalho e a compreensão dos outros. Ficamos irritados. Precisamos de férias, recreações, momentos livres para descarregar as tensões.

Os jogos e as brincadeiras não têm outro objetivo imediato. Não servem para a produção em si e não têm outra utilidade, mas têm um sentido específico, qual seja: aliviar as tensões.

Podemos encontrar uma outra finalidade nos jogos e brincadeiras: a integração do grupo. Muitas vezes nossa simples vivência com outras pessoas nos constrange e cria bloqueios. É nos momentos de maior desinibição, de relax, de desconcentração, oferecidos pelo jogos e brincadeiras, que as pessoas se desbloqueiam e se descontraem, e se realiza uma aproximação maior, uma melhor integração.

O fato de ministrar muitos cursos de Dinâmica de Grupos, de Relações Humanas e de Vivência Comunitária, permitiu-me coletar, de norte ao sul do país, um grande número de jogos e brincadeiras, que julgo de grande utilidade aos que trabalham no relacionamento de pessoas de todos os níveis sociais. Além do mais, a nossa literatura brasileira, pelo que me consta, é bastante pobre sobre o assunto.

Nossa época sempre mais exige alívio de tensões e integração de grupos humanos. Ao publicar esta coletânea, tenho a certeza de que estou colaborando, principalmente, com quem trabalha com treinamento de pessoal, encontro de jovens, relações humanas, vivência comunitária, dinâmica de grupos, aulas de educação física e de recreação, e para quem leva vida comunitária e trabalha em escolas.

O Autor

1. QUEBRAR O POTE

1. Escolhe-se um voluntário a quem cabe quebrar um pote colocado a uns quatro ou cinco metros do grupo.
2. O voluntário observa a localização do pote, e a seguir seus olhos são vendados, e, com um porrete ou cabo de vassoura na mão, executa a tarefa de quebrar o pote.
3. Antes de dar o início à brincadeira, o animador fará girar duas ou três vezes o voluntário sobre si próprio.
4. Terá três chances, caso não acertar o pote, prossegue-se a brincadeira com outro voluntário.

2. CAIXINHA DE SURPRESAS

1. Prepara-se uma caixinha com tarefas engraçadas, fechando-a bem.
2. Colocam-se os participantes do grupo sentados em círculo.
3. A caixinha deverá circular de mão em mão até um sinal dado, ou ao som de uma música, que pára subitamente.

4. Aquele que estiver com a caixinha no momento em que é dado o sinal, ou em que a música pára, deverá tirar da caixinha uma papeleta e executar a tarefa prescrita.
5. A brincadeira continua enquanto houver papeletas na caixinha.

3. ESCUTAR E PROCURAR

1. O animador espalha umas oito a dez pessoas pela sala.
2. A seguir venda os olhos de um voluntário, que deve conhecer os nomes das pessoas espalhadas pela sala.
3. Cabe ao voluntário, de olhos vendados, chamar pelo nome uma das pessoas da sala, e esta responderá.
4. A seguir o voluntário irá ao encontro da pessoa que atendeu a chamada, procurando localizá-la e tocá-la.
5. Se após três chances não tiver encontrado a pessoa chamada, a brincadeira continua com outro voluntário.

4. PROCURAR O PORCO

1. O animador desenha no quadro-negro ou numa cartolina um porco, ou gato ou vaca sem rabo.

2. A seguir chama um voluntário a quem venda os olhos, munindo-o com um recorte de papel, em forma de rabo.
3. A tarefa do voluntário consiste em colar o rabo, com os olhos vendados, no seu devido lugar.
4. Os participantes acompanham a brincadeira com a torcida.

5. LARANJA NO PÉ

1. Organizam-se os participantes em duas alas de cadeiras.
2. Uma laranja é colocada sobre os pés (que se encontram unidos) do primeiro elemento de cada ala.
3. Este procurará passar a laranja sem a deixar cair para os pés do segundo elemento, e assim sucessivamente.
4. Se a laranja cair, a brincadeira prosseguirá, do ponto em que caiu, o tempo que for preciso.
5. O grupo que conseguir terminar primeiro, será vencedor da brincadeira.

6. O CEGO JARDINEIRO

1. Escolhe-se um voluntário a quem cabe cortar, com os olhos vendados, o barbante no qual se encontra pendurada uma fruta (laranja, maçã, pera...).

2. Após haver observado a localização da fruta, vendam-se os olhos do voluntário, e, munido com uma tesoura, cabe-lhe a tarefa de cortar o barbante, com a fruta.

3. Antes do início, o animador fará girar duas ou três vezes o voluntário sobre si mesmo.

4. Terá três chances, caso não conseguir cortar o barbante, prossegue-se a brincadeira com outro voluntário.

7. PROCURA-SE UM APITO

1. Pede-se um voluntário no grupo que deverá sair da sala enquanto a brincadeira é explicada ao grupo.

2. Explica-se ao grupo que:

   a) o voluntário deverá procurar que membro do grupo tem consigo o apito;

   b) o apito ficará pendurado no pescoço do animador ou de um outro membro do grupo, porém nas costas;

   c) o grupo ficará de pé, em círculo, e será chamado aquele voluntário para descobrir com quem está o apito;

   d) o voluntário fica no meio do círculo, juntamente com aquele que está com o apito. O portador do apito movimenta-se freqüentemente, possibilitando ao outro membro apitar, sem despertar a atenção do voluntário.

3. A brincadeira termina quando for descoberto com quem está o apito.

8. PERGUNTAS INDISCRETAS

1. Entrega-se uma folha a cada pessoa do grupo.
2. Cada um completa esta pergunta: «QUE VOCÊ FARIA SE...».
3. Em seguida, o animador recolhe as folhas e as distribui novamente sem saber para quem.
4. Cada um responde, no verso da folha, o que faria, trocando em seguida a sua folha com outro colega.
5. Um lê a pergunta que está no seu papel e o que está à direita lê a resposta do seu próprio papel, provocando incoincidências.
6. A brincadeira continua assim sucessivamente até todos terem lido e respondido.

9. OS QUATRO CANTOS DA SALA

1. Pede-se que duas pessoas voluntárias se retirem da sala enquanto é explicada a brincadeira.
2. O animador explica ao grupo:

a) que é preciso encontrar uma figura imaginária para cada canto da sala;

b) a brincadeira será tanto mais divertida quanto mais engraçadas ou exóticas forem as figuras imaginárias para cada canto. Por exemplo: num canto da sala o grupo imagina que há soda cáustica, num outro, um gambá, num outro, estrume de vaca, e num outro um escorpião;

c) encarrega-se uma pessoa para anotar a figura imaginária em cada canto, e as respostas que serão dadas pelos voluntários, assim que retornarem à sala.

3. Chamam-se os voluntários à sala, e o animador lhes explicará que o grupo se imaginou uma figura em cada canto da sala. Os voluntários são convidados, um a um, a dizer para o grupo o que fariam com cada figura imaginária, e a pessoa do grupo encarregada de anotar as respostas as registrará para serem lidas no final.

4. A brincadeira será tanto mais engraçada, quanto mais engraçadas forem as figuras imaginárias, inventadas pelo grupo. Assim, por exemplo, se alguém disser que dará de presente, ou para comer, umas figuras imaginárias acima, mais gargalhadas explodirão dentre o grupo.

10. O LENÇOL

1. Um voluntário do grupo é colocado no centro do círculo, coberto por um lençol. Convém ter um lençol de casal, para cobrir bem o elemento voluntário.

2. Assim que a pessoa estiver coberta, e sentada no chão, o animador dirá: Você tem uma peça de roupa demais, tire-a.

3. A pessoa, menos atenta, começa por tirar uma peça de sua roupa.

4. A peça da roupa tirada deve ser passada por baixo do lençol para o animador.

5. Assim que tiver passado a peça, o animador repete a ordem: «Você tem uma peça de roupa demais, tire-a».

6. A brincadeira continua enquanto a pessoa não se der conta de que a peça de roupa que é demais é o lençol.

7. Há pessoas que logo a partir da primeira ordem já retiram o lençol, e o jogo acaba.

11. CRUZADO OU DESCRUZADO

1. O grupo todo, disposto em forma circular, participa.

2. O animador apresenta dois objetos que se possam cruzar, dois lápis, por exemplo.

3. Os dois lápis serão passados ao primeiro vizinho.

4. A pessoa que passa os lápis deverá declarar «cruzado «ou então «descruzado», momento em que o animador julgará e dirá «certo» ou «errado».

5. O truque está em que, enquanto quem passa os lápis diz cruzado ou descruzado referindo-se aos

lápis, o animador diz certo ou errado referindo-se à perna de quem passa, perna cruzada ou descruzada.

6. O brinquedo prossegue até todos descobrirem o truque.

7. Quem descobre não divulgará sua descoberta, mas fará coro ao animador no julgamento «certo ou errado».

12. FUI À FEIRA

1. Cada pessoa do grupo recebe um número.

2. O animador começa: «Fui à feira e comprei 3 dúzias de bananas» (ou qualquer coisa).

3. A pessoa com o número 3 deverá retrucar sem hesitação: «Três dúzias de bananas, não». O animador: O que então? O número 3: «Oito rosas». O número oito repetirá a seqüência com o número 3 e assim por diante.

3. Quem se distrair ou quebrar a seqüência, sai do brinquedo.

13. GATINHO APAIXONADO

1. O grupo sentado em qualquer disposição é instruído sobre os efeitos de um gato apaixonado para conquistar a companheira.

2. Todos os presentes são gatos.
3. O animador representará por primeiro o gato apaixonado.
4. Para fazer sua conquista ele tem direito a se aproximar de qualquer pessoa do grupo, dar três miados caprichados da maneira que ele quiser.
5. A pessoa abordada deverá manter-se séria, enquanto todos os demais podem rir e torcer pelo gato.
6. Se a pessoa abordada rir, é prova de que foi conquistada, passando então ela a ser o novo gato conquistador.
7. O brinquedo prossegue enquanto houver interesse.

14. JOGO DA CADEIRA VAZIA

1. O animador colocará tantas cadeiras quantas forem as pessoas que participam do brinquedo e mais uma cadeira.
2. Todos os presentes receberão um número.
3. A pessoa sentada à esquerda da cadeira vazia inicia, dizendo: «A cadeira da minha direita está vazia para o número tal», e chama por um número que corresponde a uma pessoa presente.
4. A pessoa com o número que acaba de ser chamado levanta-se imediatamente e vai sentar-se na cadeira vazia.

5. Ao levantar-se, a pessoa sentada à sua esquerda continua o brinquedo, dizendo: «A cadeira de minha direita está vazia para o número tal», chamando outro número, podendo ser o número da pessoa que acaba de levantar-se.
6. O animador anotará o nome das pessoas distraídas ou que interrompem a continuidade do brinquedo.
7. Enquanto houver interesse prossegue o jogo.
8. Finalmente, o animador dirá os nomes das pessoas que estiverem distraídas, que deverão pagar uma prenda.

15. O JOGO DA VERDADE

1. O grupo é formado em círculo.
2. O animador solicita a presença de um voluntário no meio do círculo para responder às perguntas que lhe serão formuladas.
3. Cada um dos presentes tem direito a formular uma só pergunta sobre qualquer assunto.
4. Feito o rodízio, outra pessoa será interrogada e assim sucessivamente.
5. O brinquedo torna-se interessante somente quando o grupo já tem um grau adiantado de integração.

16. PRECE A ALÁ

1. O animador pede a presença de três pessoas no centro do grupo e explica que, como chefe de uma caravana de deserto, perdeu três camelos e precisa fazer preces a Alá para que os reencontre.
2. Convida os três do grupo a segui-lo na prece e nos gestos.
3. Ajoelha-se no meio da sala, seguido pelos três. Levantam os braços e enquanto se curvam até o chão dizem: «Alá, devolvei os camelos».
4. Repetem a prece três vezes.
5. O animador levanta-se dizendo: «Não adianta rezar mais. Já que Alá não devolve meus três camelos, ficarei com esses três burros».

17. RIMA FATAL

1. O animador começa dizendo uma palavra.
2. O seguinte deverá dizer uma outra que rime com a primeira.
3. E assim o farão os outros até que alguém erre ou emperre, perdendo sua vez no grupo. Por exemplo: Dinheiro — marinheiro; vela — tela; mando...

18. A VIAGEM

1. Organiza-se um círculo com cadeiras.
2. Os membros participantes ocupam os assentos e o animador permanece, de pé, no meio do círculo.
3. O animador explica que irá contar uma viagem de ônibus, e toda vez que disser «ônibus» todos deverão levantar-se, e rodopiar diante de sua própria cadeira, sentando-se imediatamente. E toda vez que, no decorrer da história da viagem, disser: «desastre», todos devem levantar-se e mudar de assento.
4. Ao dizer «desastre» o animador procura ocupar uma das cadeiras, e a pessoa que não conseguir assento deverá prosseguir a narração da viagem.
5. O brinquedo prossegue enquanto houver interesse.

19. RISO SOLTO

1. O animador com um objeto qualquer na mão instrui o grupo.
2. Vai atirar o objeto para o alto e, enquanto este não tocar o chão, todos deverão rir e fazer ruído.
3. Quando o objeto atingir o chão, o riso deve estancar, ficando o grupo sob o efeito da repressão do riso.
4. Quem explodir, pagará uma prenda, até haver poucos participantes.

20. ARTISTA DE IMPROVISO

1. Compõe-se uma lista de tarefas ou encenações jocosas em número igual ao número de participantes.
2. Cada qual pede um número (1, 5, 3, 7, 2, etc.).
3. O animador lê na lista a tarefa encomendada sob aquele número, que deverá ser executada por quem sorteou o número.
4. A graça dependerá da composição da lista.

21. O CORRETO

1. Organiza-se um círculo com umas doze a quinze cadeiras.
2. Uma vez ocupadas as cadeiras, o animador, de pé no centro do círculo, explica o funcionamento do brinquedo.
3. Todos os membros participantes receberão o nome de uma cidade.
4. Cada vez que o animador disser o nome de duas cidades, os ocupantes das cadeiras que correspondem às cidades mudam de assento, e nessa mudança o animador procura ocupar uma das cadeiras.
5. Toda vez que o animador disser: «As cartas se extraviaram», todos trocam de cadeira, e procuram sentar-se, e quem sobrar permanece no meio do círculo.

6. Quem ficar três vezes sem cadeira, é excluído do brinquedo, e o círculo diminuirá de uma cadeira, toda vez que sai um participante.

22. PROVA DA CONCORDÂNCIA HUMANA

1. O animador fala sobre a suprema verdade, a união dos espíritos, a boa vontade, compreensão.
2. A seguir, chama 4 pessoas para o centro do grupo.
3. Usando um objeto qualquer (paletó, pasta, etc.) pede que cada um segure uma extremidade e executem com exatidão e rapidez as ordens dadas.
4. O animador dará ordens rápidas, como: abaixar, levantar, para baixo, para cima, para fora, para dentro, etc., fazendo pausas para os presentes rirem do desencontro dos executores das ordens.
5. Continua-se por poucos momentos.

23. O MELHOR OBSERVADOR

1. Escolhe-se um indivíduo ou divide-se o grupo para adivinhar qual a modificação havida no outro, devendo para tanto ausentar-se do local enquanto a modificação é feita.
2. Há um período de observação antes da saída durante a qual haverá a modificação e na volta um minu-

to para descobrir a modificação pelo menos em duas chances.

3. A modificação pode ser na posição dos indivíduos, nas vestes, nos sapatos, na fisionomia, em objetos, etc.

24. A VIAGEM DA TITIA

1. O animador começa: «Minha tia veio da América e trouxe um rádio».
2. O seguinte diz: «Minha tia veio da América e trouxe um rádio e um livro».
3. O seguinte diz: «Minha tia veio da América e trouxe um rádio, um livro e um cavalo».
4. Assim, sucessivamente, até que alguém esqueça ou altere a seqüência, caso em que sairá do grupo.

25. LETRA FATAL

1. O animador começa dizendo uma letra.
2. O seguinte acrescenta outra e assim sucessivamente.
3. Sai do grupo aquele que acrescentar uma letra formando uma palavra conhecida.
4. Por exemplo: a - m - i - z - a - d -, a próxima letra formará palavra e, quem a acrescentar, perderá.

5. Qualquer um pode dizer «impugno» ao colega anterior quando achar que este, para fugir à letra fatal, acrescentar uma letra que não leva a nenhuma palavra.

6. O exercício continua enquanto houver interesse.

26. FONTES DO COMANDO

1. Pede-se alguém para ausentar-se da sala.
2. O grupo decide executar ou encenar uma ou mais atividades sob as ordens de um ou mais líderes.
3. O grupo, colocado em círculo, estará atento aos comandos do líder ou líderes na mudança de atividades que deve ser freqüente e rápida.
4. Os comandos são disfarçados porque o grupo não quer denunciar seus líderes.
5. A pessoa ausente da sala retorna para o meio do círculo, o animador explicará que deverá identificar aquela pessoa ou aquelas pessoas que comandam a mudança dos movimentos.
6. Caso não aceitar, após a terceira tentativa, será eliminado do brinquedo.
7. O brinquedo continua com outro membro na adivinhação.

27. VIVA CONFORME A MÚSICA

1. Dispõe-se uma série de cadeiras em forma circular ou em fila.
2. O grupo ficará desfilando ao redor das cadeiras ao ritmo de música ou qualquer outra coisa.
3. Ao interromper-se a música todos tentarão pegar sua cadeira, sobrando sempre uma pessoa, pois há uma cadeira a menos.
4. Essa pessoa sai do grupo.
5. Retira-se também uma cadeira e o brinquedo continua até ser disputada a última cadeira.

28. JOGO DAS PERGUNTAS

1. O animador distribui uma papeleta para todos os membros participantes.
2. A metade das pessoas deve formular qualquer tipo de pergunta na sua papeleta e a outra metade deverá responder qualquer tipo de pergunta.
3. A seguir o animador dará um número para cada membro que formulou a pergunta e outro número correspondente para cada membro que formulou a resposta.
4. Inicia-se a leitura das perguntas: quem tiver o número 1, das perguntas, lerá sua pergunta e quem tiver o número 1 das respostas, lerá sua resposta.
5. O brinquedo prossegue até que todos tenham formulado sua pergunta e recebido a resposta.

29. AGARRE O PAR

1. Numa sala de danças, entre os pares, o animador aparece com uma vassoura, ou qualquer outro tipo de objeto, declarando que, ao contar até três, todos trocarão o par.
2. Quem ficar sem parceiro deverá ficar com a vassoura e repetir o mesmo.
3. Aquele que é surpreendido com a vassoura na mão quando termina o disco, ou a música, sairá do brinquedo.

30. AGARRE O CHAPÉU MÁGICO (Outra variante)

1. O animador aparece com um chapéu.
2. Coloca-o na cabeça de outra pessoa, esta é obrigada a ceder o parceiro de danças.
3. Cada qual tentará passar adiante o chapéu.
4. Aquele que é surpreendido com o chapéu na cabeça quando termina o disco, ou a música, sairá do brinquedo.

31. O BEIJO DA BONECA

1. O animador prepara um boneco ou boneca.
2. Pode ser recortado e deve ser visto à distância.

3. Convida três ou quatro voluntários para colaborar na brincadeira.

4. Cada um dos voluntários, por sua vez, deve beijar o boneco, no lugar onde quiser.

5. Uma vez terminado o beijo da boneca, cada voluntário deverá beijar um dos colegas no mesmo lugar onde beijou a boneca.

32. RESPOSTA SOCRÁTICA

1. O animador aborda uma pessoa do grupo e pede-lhe que responda às perguntas com palavras que comecem com qualquer letra a ser indicada pelo animador.

2. João: resposta com a letra R:

3. Seu nome? Ricardo
   Profissão: Radialista
   Donde vem? Rio
   Para onde vai? Ribeirão

4. Qualquer hesitação na resposta (que deve ser espontânea) ou resposta errada exclui o indivíduo do grupo.

33. FEITIÇO CONTRA O FEITICEIRO

1. Cada participante recebe uma papeleta.

2. A pedido do animador, todos escreverão uma atividade que gostariam fosse feita por um dos participantes do grupo. A papeleta é assinada.
3. As papeletas, após preenchidas, são recolhidas pelo animador.
4. Por determinação do animador, o assinante da papeleta irá executar a atividade.
5. O brinquedo termina assim que todos tiverem feito a atividade.

34. FRIO OU QUENTE

1. O animador solicita para alguém ausentar-se da sala.
2. Oculta-se um objeto qualquer a ser depois descoberto por quem esteve ausente.
3. Quem está procurando, orienta-se, perguntando ao grupo: QUENTE? (estou me aproximando) e o grupo responde: QUENTE se dele se aproxima e responde FRIO se dele se afasta.
4. Há um número determinado de chances ou de perguntas de orientação.
5. Só pode fazer seis perguntas e se não tiver descoberto o objeto, pagará uma prenda ou sairá do brinquedo.
6. Como meio de orientação para quem procura, pode-se usar uma canção que o grupo todo conheça

(atirei um pau no gato); cantando forte se ele se encaminha para o objeto e menos forte se se afasta do objeto, até o objeto ser encontrado.

7. Em vez de canto pode usar-se um disco ou uma fita gravada.

35. NOITE DE NÚPCIAS

1. Forma-se um círculo com dez a quinze pessoas.
2. Três voluntários retiram-se da sala.
3. Durante a ausência o animador orienta os participantes do brinquedo para que todos fiquem quietos e calados no momento em que os ausentes entrarem.
4. Assim que o primeiro retornar ao círculo e observar o silêncio de todos, irá reagir verbalmente. O que disser representará a primeira reação verbal na noite de núpcias se for um casado, e será a primeira reação verbal, se for um solteiro.
5. As gargalhadas do grupo deixam o indivíduo surpreso, por desconhecer a razão das mesmas.
6. Chama-se o segundo e o terceiro, seguindo sempre a mesma técnica.

36. ILUMINAÇÃO ORIENTAL

1. O animador chama seis a oito pessoas no centro da sala.

2. O grupo de voluntários é orientado pelo animador com certa solenidade, dizendo que as religiões orientais visam a iluminação interior, usando para isso certas fórmulas cabalísticas, e que ele tem uma fórmula para isso.

3. O animador recomenda ainda que o grupo o imite nos gestos e nas palavras até cada um sentir-se iluminado, momento em que deve dirigir-se ao animador e dizer-lhe ao ouvido que foi iluminado (descobriu o sentido da fórmula).

4. O animador levanta os braços e diz: O KI-BU (Todos imitam), põe os braços em posição horizontal para frente e diz «KI», curva-se pondo as mãos nos joelhos e diz: «BOÉ».

5. A fórmula é: «Ó que burro sou eu».

6. O brinquedo continua até que o último descubra o truque da fórmula. Para isso é preciso que aquele que descobrir o truque não divulgue sua descoberta aos demais, deixando-os fazer força.

37. MATEI UM PORCO

1. O animador diz ter matado um porco e estar vendendo. Pergunta a cada um dos presentes que parte vai comprar (orelhas, rabo, coração, pata, rim, etc.) até todos terem comprado.

2. O animador vai fazendo uma série de perguntas a cada um sucessivamente.

3. A cada pergunta o interrogado deverá repetir a parte por ele comprada. Por exemplo: Sr. Luís comprou a pata do porco, a qualquer pergunta ele deverá responder pata (Seu nome? — Pata).
4. No pedido de casamento o que foi que você pediu a sua noiva? — Pata. E assim por diante.
5. O interrogado que rir sai do grupo ou pagará uma prenda.

38. CONQUISTE SEU LUGAR

1. Dispõe-se o grupo sentado em forma circular.
2. O animador está no centro e diz ao grupo: A relatividade da História, das posições sociais, da sorte e da fortuna, tudo exige espírito esportivo, aceitação humilde, confiança em si. Quando a roda do destino e suas reviravoltas desalojarem você, não perca tempo com queixumes. Procure um novo lugar, apanhe a primeira oportunidade e esteja pronto para outra.
3. Para ensaiar isso, é preciso que, quando eu der uma ordem, as pessoas atingidas troquem de lugar, sendo que alguém sobrará, pois eu tomarei um lugar para mim.
4. Atenção: «troque de lugar quem estiver com óculos». O que ficar sem cadeira ocupará o centro da sala e dará uma ordem de trocar de lugar, assim sucessivamente.

5. Se alguém troca de lugar sem que a ordem lhe diga respeito, sairá do grupo, e será retirada uma cadeira.

6. A graça consiste no tipo de ordem dada, por exemplo: troque de lugar quem não é homem; troque de lugar quem não é bonito; troque de lugar quem tem dente furado, etc. de acordo com a criatividade de cada um.

7. O brinquedo continua enquanto houver interesse, ou participantes.

39. OS ASTRONAUTAS

1. Escolhem-se mais ou menos cinco pessoas com as quais o grupo queira divertir-se.

2. Colocam-se no meio da sala em círculo, com um pouco de espaço entre cada uma delas.

3. Elas representam os planetas da nossa galáxia.

4. Instruem-se três «astronautas», um brasileiro, um americano e um inglês.

5. Chega o primeiro astronauta, gira em torno do grupo, fazendo qualquer ruído, passa entre ele algumas vezes.

6. O animador pergunta: «Que foi que você viu?» — «Não vi nenhum ser vivo nos outros planetas».

7. Segue o segundo astronauta, repetindo a mesma coisa.

8. Segue finalmente o terceiro astronauta, girando em torno do grupo, a quem o animador pergunta: — «Que foi que você viu?»
9. «Vi cinco trouxas com as mãos na cabeça». — Dissolve-se.

40. O JOGO DA SURPRESA

1. O animador antes de iniciar o jogo, ao colocar as cadeiras em círculo, colocará em algumas cadeiras, por baixo do assento, uma papeleta.
2. Em cada papeleta constará alguma atividade que deverá ser assumida pelo ocupante da cadeira.
3. Uma vez todos os participantes sentados o animador pede que todos olhem por baixo da cadeira para ver se encontram alguma papeleta.
4. Os ocupantes das cadeiras que encontrarem uma papeleta deverão executar a tarefa ali descrita.
5. As tarefas a serem executadas podem ser, por exemplo: imitar um gato, um galo, o salto de um sapo, cantar uma musiquinha, contar uma piada, etc.
6. A brincadeira só termina após todos terem executado as tarefas.

41. O JOGO DO EMBRULHO

1. Todos os participantes encontram-se sentados em forma circular.

2. O animador entrega um embrulho a um dos participantes que deverá passar para frente, ao som de uma música.
3. No momento em que a música fizer uma parada, quem estiver com o embrulho deverá começar a abri-lo.
4. Logo a seguir, a música recomeça, e o embrulho continua circulando.
5. Toda vez que a música parar, quem estiver com o embrulho continuará a abri-lo.
6. O exercício continua, obedecendo a mesma técnica, até o final.
7. O último a desembrulhá-lo ficará com a prenda que estiver no pacote.

42. VOCÊ ME AMA?

1. Todos os participantes estão sentados em círculo.
2. O animador não tem cadeira para se sentar.
3. Ao iniciar o jogo o animador dirige-se a algum membro do círculo e pergunta: — «Você me ama?»
4. Quem for interrogado deverá responder: — «Sim, amo você».
5. E o interrogante perguntará: «Por quê?»
6. O interrogado responderá: — «Porque você usa óculos», por exemplo. (Deverá dizer algo usado pelo interrogante), e aqui supõe-se que usa óculos.

7. No momento em que disser que ama porque ele usa tal coisa, todos aqueles do círculo que usarem tal coisa deverão mudar de lugar, inclusive o animador procurará ocupar uma cadeira.
8. Sempre algum participante ficará sem cadeira.
9. Aquele que ficar sem a cadeira, continua o jogo, dirigindo-se a outro participante fazendo-lhe a mesma pergunta: — «Você me ama?»
10. A brincadeira continua enquanto houver motivação.

43. IMITAÇÃO

1. O animador escolhe cinco a seis voluntários para o exercício.
2. Os voluntários deverão colocar-se em fileira, um ao lado do outro.
3. Todos receberão uma tarefa, por exemplo, imitar algum animal: um gato, um galo, uma galinha, um sapo, um coelho...
4. A um sinal dado pelo animador, todos juntos, um ao lado do outro, deverão dirigir-se ao fundo da sala imitando o respectivo animal.
5. Nesse instante o animador, que permaneceu atrás do grupo, colocará um ovo atrás da pessoa que ficou para imitar a galinha (procurando não ser percebido pelo grupo de ação).

44. JOGO DAS CADEIRAS

1. Colocam-se umas oito a dez cadeiras no centro da sala.
2. Para o jogo pede-se a presença, ao lado das cadeiras, de tantos voluntários quantas as cadeiras, mais um.
3. Ao som de uma música, as pessoas que estiverem ao lado das cadeiras deverão começar a andar em redor das mesmas.
4. Em dado momento pára a música, e todos procuram sentar-se; quem ficar sem cadeira, sai do jogo e retira-se uma cadeira.
5. O jogo continua, saindo sempre a pessoa que ficar sem cadeira.
6. Será vencedor quem ficar ocupando uma cadeira até o final do exercício.

45. O JOGO DAS FRUTAS

1. Todos os participantes sentam-se, em forma circular.
2. O animador solicita a presença de seis a sete voluntários, que são encaminhados para uma sala ou corredor próximos.
3. Durante a ausência dos voluntários, o orientador explica que ao anunciar a entrada do grupo de

voluntários irá soprar no ouvido de cada um o nome de uma fruta. (Na verdade, soprará o nome da mesma fruta para cada um dos voluntários).

4. E assim que todos os voluntários estiverem no centro do círculo, deverão ajuntar-se em forma circular, entrelaçando os braços.

5. Permanecerão nesta posição e, a um momento dado, cada um dirá o nome de certas frutas, e quem disser o nome correspondente ao da fruta que for chamada, deverá deixar-se cair, cabendo a todos fechar de tal maneira o círculo que impeça a queda dele.

6. Acontece que no momento em que disser o nome da fruta que todos receberam (é bom lembrar que o grupo dos voluntários desconhece que todos receberam o nome da mesma fruta) todos caem ao chão.

46. DIZER SIM

1. O animador formula três perguntas a um participante da brincadeira, porém a pessoa não poderá responder «sim», em seguida, às três perguntas.

2. A terceira pergunta será: Você concorda que perdeu o jogo?

47. OS BOMBONS

1. Estica-se na sala ou no pátio um barbante.
2. No barbante penduram-se bombons, ou alguma fruta, à altura da boca das pessoas que participam da brincadeira.
3. Escolhem-se dois ou três participantes que são conduzidos diante dos bombons ou das frutas, para tomar conhecimento da situação.
4. A seguir, vendam-se-lhes os olhos, e com os braços cruzados nas costas deverão procurar apanhar com a boca os bombons ou as frutas.

48. A CASA MAL-ASSOMBRADA

1. O animador solicita que três voluntários se retirem da sala.
2. A seguir forma um círculo que será «a casa mal-assombrada» a ser visitada pelos três voluntários que estão fora da sala.
3. Chama-se um dos três voluntários que deverá formular uma pergunta qualquer para um dos participantes. Este dará uma resposta qualquer.
4. Seguindo a ordem do círculo, o voluntário formula uma pergunta a cada participante, que sempre responderá a pergunta formulada ao anterior.

5. Depois que todos responderem a pergunta do anterior, chama-se o segundo voluntário.
6. E a brincadeira se repete com este, como também com o terceiro voluntário.
7. Será vencedor o «visitante» que encontrar a «melhor casa mal-assombrada».

49. O CEGO

1. O animador, no centro do círculo, escolhe um voluntário para colaborar na brincadeira.
2. Colocam-se, no centro do círculo, umas seis a oito garrafas vazias, e cabe ao voluntário, com os olhos vendados, passar entre as garrafas, sem derrubá-las.
3. A título de experiência, o voluntário fará um ensaio, sem a venda nos olhos.
4. Vendados os olhos, o animador retira todas as garrafas, não sendo percebido pelo voluntário, que procura executar sua tarefa.
5. Cria-se o impacto, quando no final o voluntário constata que sua tarefa foi executada sem as garrafas.

50. UMA COMPANHIA AGRADÁVEL

1. Enrola-se um pedaço de bolo ou um presente, em vários papéis, e faz-se um pacote de presente, amarrado com barbantes.

2. O pacote é entregue para um participante que tirar «seis pontos» com um dado.

3. Começa por abrir o pacote, enquanto, seguindo o círculo, um outro tirar «seis pontos».

4. O pacote passa para este, que continua abrindo, enquanto outros continuam tirando o dado.

5. O seguinte que tirar «seis pontos», recebe o pacote, e continua abrindo-o.

6. A brincadeira continua, até que esteja todo aberto, e a pessoa que estiver de posse do mesmo fica com o brinde.

51. MARIA ORDENA

1. Todos de pé, formando um círculo.

2. Sempre que o animador expressar uma ordem, dizendo antes ou depois da mesma «Maria ordena», todos os participantes deverão realizar a tarefa.

3. Se o animador mandar fazer alguma coisa sem dizer também «Maria ordena», ninguém deverá atender. Caso isto aconteça, o que o fizer, sairá da brincadeira.

52. A BRINCADEIRA DOS ANIMAIS

1. Todos os participantes de pé ou sentados, formando um círculo.

2. O animador explica que dirá no ouvido de cada um o nome de um animal, e a um sinal dado todos deverão imitar o grito do animal que lhe coube imitar.

3. A seguir, soprará no ouvido de cada participante o nome de um animal. (Na verdade, o animador dirá no ouvido de cada um para ficar quieto, menos no ouvido de um dos membros, talvez o mais esportivo ou gaiato, ele pede para imitar um galo ou um bode).

4. Uma vez que tiver passado a falar no ouvido de todos, o animador dirá que cada qual procurará imitar com toda a força o grito do animal que lhe coube.

5. E dirá: «atenção, um, dois, e já...»

53. TRÊS E MÚLTIPLOS DE TRÊS

1. Todos de pé, formando um círculo.

2. O animador, no centro do círculo, pede que cada um diga em seqüência um número, sendo que aqueles que são múltiplos de 3 ou tiverem o algarismo 3 em sua composição deverão ser omitidos e, no lugar do número, o participante dirá «PUM».

3. Assim, 1, 2, PUM, 4, 5, PUM, 7, 8, PUM, 10, 11, PUM, PUM, 14...

4. Aquele que se distrair e falar o número múltiplo de 3 ou contendo o algarismo 3, sairá da brincadeira.

5. Será vencedor do jogo quem ficar agüentando até o final.

6. Para facilitar a brincadeira, toda vez que alguém errar e sair, o seguinte iniciará novamente, a partir do número 1.

54. BRIGA DE GALO

1. Pedir ao grupo dois voluntários para a brincadeira.

2. Colocar nas costas de um deles um papel com a palavra «briga», e nas do outro um papel com a palavra, ou melhor, a expressão «de galo» (sem que eles saibam o que está escrito nas costas um do outro).

3. Eles deverão esforçar-se para descobrir o que está escrito nas costas do companheiro, sem deixar que este veja o que está escrito nas suas costas e sem utilizar as mãos que deverão estar cruzadas para trás. Observa-se que os efeitos são idênticos a uma briga de galo.

55. O CRIME

1. Pede-se um voluntário no grupo que deverá sair da sala enquanto a brincadeira é explicada ao grupo.

2. O grupo, uma vez sentado em forma circular, recebe a seguinte explicação:

a) Para a realização da brincadeira, que chamamos de um crime imaginário, todos representam ou uma «vogal» ou uma «consoante». É vogal quando a pergunta formulada começa por vogal, e é consoante, quando a pergunta formulada for «consoante».

b) O voluntário formulará as perguntas, acompanhando o círculo, e as respostas só poderão ser «sim» ou «não». Não são aceitas perguntas que permitem duas respostas.

c) A resposta será «sim», se a palavra da idéia central da pergunta começar por uma vogal, e for dirigida a uma pessoa que representa a «vogal», e será «não» se a palavra da idéia central da pergunta começar por uma consoante. Assim, por exemplo, quando o voluntário perguntar se o crime foi pela manhã, e se a pessoa interrogada for uma vogal, responderá «não», porque a palavra que encerra a idéia central (manhã) começa por uma consoante.

d) Como será um crime imaginário, o voluntário ficará num «beco sem saída», para recompor todo o crime, pois as respostas desencontradas não facilitam a reconstituição.

e) Finalmente, após duas ou três rodadas, o animador explica ao voluntário de que não existe crime algum, mas só imaginário.

3. Após estes esclarecimentos feitos ao grupo, chama-se o voluntário para dar início à brincadeira, dizendo simplesmente que se trata de um crime que deverá desvendar, através da formulação de perguntas a todos os membros do grupo.

56. MOISÉS NO DESERTO

1. O animador diz para o grupo que ele representa Moisés no deserto.
2. Começa a andar no meio do grupo e diz para uns quatro ou cinco membros: «Siga-me».
3. A pessoa convidada acompanha o «Moisés».
4. Feita a escolha de uns quatro ou cinco participantes, dirige-se ao meio do grupo e diz: «Apresento-lhes os camelos de Moisés».

57. A CRUZ E O CÍRCULO

1. Um cego sentado sobre uma cadeira levanta-se e dá três passos e desenha três círculos a giz, no chão.
2. Retorna para o assento, e levanta-se, a seguir, e volta a dar os três passos para desenhar uma cruz em cada círculo.
3. A tarefa se repete com outros participantes, e será vencedor aquele que conseguir desenhar uma cruz em cada círculo, ou aquele que executar a tarefa mais próxima dos três círculos.

58. A CRUZ DE LORENA

1. O animador explica para o grupo que a brincadeira que irá realizar exige bastante espírito de observa-

ção de todos. Tudo o que fizer deverá ser repetido pelos participantes, seguindo a ordem do círculo.

2. A seguir traça uma cruz sobre a mesa, com um lápis ou caneta, dizendo: daqui para lá, de lá para cá, fazendo ao mesmo tempo o gesto de traçar uma cruz.

3. Todos os participantes se concentram sobre o gesto de traçar o desenho em forma de cruz, e não observam quando o animador troca a caneta ou o lápis da mão direita para a esquerda, passando-a para a pessoa da sua esquerda, a quem cabe repetir o traçado da cruz e de passar para a sua esquerda novamente a caneta ou o lápis.

4. Observa-se que todos sabem repetir o traçado da cruz, porém não observaram a passagem da caneta ou do lápis de uma mão para a outra.

59. ALFÂNDEGA

1. Todos sentados em forma circular.

2. O animador explica que se trata de passar ou não na alfândega.

3. A brincadeira começa com a pessoa sentada à direita do animador, que formula uma pergunta, cuja resposta só poderá ser: «passa, sim»; ou «não passa».

4. A resposta será: «passa, sim», se a pergunta se refere a alguma coisa ou objeto usado, no momento, pela pessoa sentada à direita daquela que formula a pergunta.

5. A resposta será: «não passa», se o vizinho da direita de quem formula a pergunta não estiver com o objeto indicado ou não o usar no momento.

6. Assim, por exemplo: a pessoa sentada à direita do animador pergunta: «eu passo na alfândega com um relógio?» A resposta do animador será: «passa, sim», se o vizinho da direita de quem formulou a pergunta estiver usando relógio naquele momento. Caso contrário, a resposta será: «não passa».

7. A brincadeira continua até que a maioria descubra por que uns passam e outros não.

60. ADIVINHAR A DATA DE NASCIMENTO

1. O animador pede aos participantes que multipliquem a data de seu nascimento por três.

2. Acrescentar a este resultado o número cinco.

3. Este resultado, multiplicar por quatro.

4. Finalmente, acrescentar a este resultado mais uma vez o dia do mês de nascimento.

5. O animador, de posse desse resultado final, subtrai 20 e divide o resto por treze, e terá a data do nascimento.

6. Exemplo: Pedro nasceu no dia 23 de maio. Segundo as indicações acima, temos: $23 \times 3 = 69$; $69 + 5 = 74$; $74 \times 4 = 296$; $296 + 23 = 319$.
O animador toma os $319 - 20 = 299$; $299 \div 13 = 23$ (que é o dia do nascimento de Pedro).

61. ENFIAR A LINHA

1. O animador forma dois subgrupos de participantes.
2. A primeira pessoa de cada subgrupo recebe uma agulha e uma linha.
3. A um sinal dado pelo animador, cada qual procura enfiar a linha na agulha, passando para o vizinho, a quem cabe tirar a linha da agulha, levantando bem alto a agulha e a linha, e passar para o vizinho, a quem cabe enfiar a linha novamente, e assim por diante.
4. Será vencedor o subgrupo que terminar por primeiro sua tarefa de enfiar e/ou desenfiar a linha na agulha.

62. MINHA MALA

1. Todos sentados em círculo.
2. Um começa: «Eu levo na minha viagem uma mala».
3. O seguinte diz: «Eu levo na minha viagem uma mala, um paletó».
4. Um terceiro diz: «Eu levo na minha viagem uma mala, um paletó e um guarda-chuva».
5. E a brincadeira continua, repetindo o seguinte o que já foi dito pelos anteriores, e acrescentando mais um objeto.
6. Quem esquecer a ordem dos objetos torna-se «dorminhoco»; dirá: «dorminhoco», e prossegue...

7. A brincadeira continua enquanto persistir motivação. — A mesma brincadeira pode realizar-se nomeando nomes de pássaros, animais domésticos, etc.

63. A CASA DO HOMEM DE MADEIRA

1. Todos os participantes estão sentados em círculo.
2. Por indicação do animador, seguindo a ordem circular, o primeiro diz: «Esta é a casa do homem de madeira».
3. O seguinte diz: «Esta é a porta da casa do homem de madeira».
4. Um terceiro diz: «Esta é a fechadura da porta da casa do homem de madeira».
5. Um quarto continua, acrescentando no início, e repete o que os outros já disseram.
6. A brincadeira continua enquanto houver motivação.

64. CONCERTO DE ANIMAIS

1. O animador anuncia um concerto de animais.
2. Todos em círculo, e o animador indica o animal que cada um deverá imitar: gato, cavalo, vaca, sapo, etc.
3. A seguir o animador, seguindo a ordem do círculo, pede que cada qual imite o animal que lhe coube.

4. Agora, sob o comando do animador, todos juntos imitarão o animal.
5. A seguir todos se reúnam de novo, imitando a voz do animal, primeiro em tom suave, aumentando depois de volume, aos poucos, para voltar novamente a diminuir o volume.

65. O INVERSO

1. Os participantes da brincadeira encontram-se em pé, e o animador no centro do círculo.
2. O animador se dirige para alguém do círculo e diz, por exemplo: «É o meu braço?», e aponta para o nariz.
3. A pessoa indagada responderá o inverso, isto é, dirá: «Este é o nariz», e aponta para o braço.
4. Quem se enganar fará a vez do animador, no centro do círculo.
5. A brincadeira continua enquanto houver motivação.

66. TALITA PERDEU O CHAPÉU

1. Carlos é «Talita» que perdeu seu chapéu, e os outros participantes recebem um número: 1, 2, 3, 4, e assim por diante.

2. Talita começa, dizendo: «Talita» perdeu o chapéu, e está com «6». E o número «6» responde: «Talita» perdeu o chapéu, e ele não está com «6», está com «4».
3. O número «4» continua dizendo: «Talita» perdeu o chapéu, e ele não está com «4», está com: e indica outro número dos participantes.
4. Quem se enganar, sai do jogo.

67. MEU AMIGO

1. Meu amigo chama-se Antônio. Onde mora? — Na cidade de Andradina. Qual a sua profissão? — Ele é agricultor. O que ele mais gosta? — Andar a pé.
2. O animador aponta para alguém do grupo, e, como na colocação anterior, o nome do participante é Antônio. Assim, ele repondeu todas as perguntas, começando pela letra «A», pois seu nome começa com «A».
3. A brincadeira continua, cabendo a cada participante responder as perguntas, indicando o nome da cidade, a sua profissão, e o seu gosto, com a letra de seu próprio nome.

68. O CORO MUDO

1. O animador pede a colaboração de um voluntário que se retira da sala.

2. Durante sua ausência, o animador explica a brincadeira, que consiste:

   a) todos devem levantar os dois braços sob o comando do animador;

   b) com as mãos levantadas, todos devem desatar num alto choro;

   c) a dado momento, quando o animador fechar sua mão, todos devem parar de chorar.

3. O voluntário entra, porém desconhece as regras da brincadeira.

4. Sob a direção do animador, todos levantam os braços e as mãos, e começam a chorar em alta voz.

5. A dado momento o animador fecha suas mãos, todos param de chorar, menos o voluntário.

6. Toda vez que o animador abre suas mãos, todos recomeçam o choro em voz alta.

69. NA ÁFRICA

1. O animador encontra-se no centro do círculo, e começa a contar uma história.

2. Toda vez que disser, no desenrolar da história, a expressão «na África», todos se levantam, e imitam os gestos feitos pelo animador (este, por sua vez, fará alguns gestos com os braços, mãos ou pés, além de se levantar do assento).

3. Se no decorrer da história o animador só se levantar, e não disser a expressão: «na África», ninguém pode se levantar, quem o fizer, sai da brincadeira.

4. E a história continua, assim como a brincadeira, até que perde a motivação.

70. PÔR OVOS

1. Todos os participantes sentam-se num círculo e o animador enumera-os, com os números 1 e 2, alternadamente.

2. Os números «1» são as galinhas, e os números «2», os galos.

3. As galinhas dizem «gluck», e os galos «gack».

4. Quando o animador disser «gluck», todas as «galinhas» se levantam e se sentam imediatamente.

5. Aos poucos o animador acelera as ordens, e de repente só chama as «galinhas» e logo após só os «galos».

6. O animador deve ficar atento para que só levantem após a chamada.

71. ADIVINHAÇÃO

1. No início da brincadeira apresenta-se um voluntário dizendo ser capaz de adivinhar o pensamento

dos demais, e mesmo aquilo que acontece na sala, na sua ausência (esta brincadeira supõe que o animador já esteja ciente do que se trata, pois o voluntário e o animador já devem ter combinado entre si, antes da recreação, o sinal ou senha a ser usada durante a tarefa).

2. Uma vez fora da sala, o animador combina com o grupo que iria dar a mão a um dos participantes, cabendo ao voluntário adivinhar a mão de quem se trata.

3. Chama, a seguir, o voluntário, a quem explica o que combinaram na sua ausência, e formula a pergunta: «Dei minha mão a fulano» (diz o nome de algum participante). O voluntário só dirá sim quando a pergunta for: «Dei a mão a fulano?»

4. O animador só fará a pergunta certa, ou seja, só perguntará: «Dei a mão a fulano», e não «dei minha mão», quando se dirigir para a pessoa certa, isto é, a pessoa a quem apertou a mão.

5. A senha acertada com o voluntário foi: quando a pergunta formulada for com o artigo definido a resposta é «Sim».

6. A brincadeira prossegue com outros objetos, por exemplo relógio, caneta, etc.

72. EM NOSSA CASA

1. O animador, no centro do círculo, dá ordens que todos procuram imitar.

2. Só serão imitadas as ordens que comecem com a expressão: «Em nossa casa».
3. Assim, por exemplo, o animador diz: «Em nossa casa, todos põem a mão na cabeça». Neste caso, todos imitarão o animador. Se porém disser: «Todos andam pela casa», ninguém imitará, porque não disse: «Em nossa casa».
4. O animador começa dando ordens, inicialmente falando devagar e aos poucos acelera as ordens.
5. Quem se enganar, sai da brincadeira.

73. O TREM

1. Forma-se um vagão de cadeiras, duas a duas, e os participantes todos sentados.
2. O animador permanece de pé, em frente à turma, e contará uma história imaginária que tenha seqüência, na qual deverá aparecer a palavra: «**Trem**».
3. Sempre que esta palavra «Trem» for pronunciada, todos deverão levantar-se e trocar de lugar. O animador procura sentar-se igualmente.
4. O que ficar sem lugar, assume o papel de continuador da história.

74. LETRAS VIVAS

1. O animador forma dois subgrupos. Cada subgrupo recebe as mesmas letras colocadas nas costas de cada participante.

2. Com as letras é possível formar a mesma palavra, ou seja, cada grupo deverá formar a mesma palavra com as letras colocadas nas costas de seus membros.

3. Assim, por exemplo, a palavra «Laranja». Uma vez colocadas nas costas, todos, sob o comando do animador, deverão procurar formar a palavra: «Laranja».

4. Será vencedor o subgrupo que por primeiro formar a palavra «Laranja».

75. TIRO AO ALVO

1. Dois ou mais participantes retiram-se da sala.

2. Na ausência dos mesmos, faz-se no quadro um desenho qualquer com um ponto central.

3. A seguir é chamado um de cada vez dos que se haviam retirado e se lhe pede para observar bem o ponto central do desenho que deverá depois acertar com os olhos vendados.

4. Feito isso, se lhe vendarão os olhos, a uma certa distância que deverá percorrer de braço estendido e apontando com o indicador o alvo.

5. Enquanto isto alguém do grupo com uma caneca de pó de café usado, ou farinha, se colocará em frente do desenho, à altura do alvo, de sorte que o jogador coloque o dedo dentro.

6. A seguir, chama-se o segundo, e a brincadeira continua até que os voluntários tenham todos passado.

76. SEMPRE O NÚMERO 37

1. O animador afirma que, com qualquer cálculo, sempre sairá o número 37.
2. A seguir pede a um voluntário que pense um número qualquer.
3. Pensando este número, é preciso que seja multiplicado por 2.
4. Depois de multiplicado por 2, deverá somá-lo com 74.
5. O resultado da soma, a seguir, deverá ser dividido por 2.
6. E finalmente subtrair o número pensado no início, do resultado da divisão anterior.

77. FORMAÇÃO DE UMA PALAVRA

1. Um dos participantes diz uma letra do alfabeto.
2. Um segundo, a seguir, diz outra letra, e assim por diante.
3. As letras devem formar uma palavra que tem sentido.
4. Quem colocar uma letra com a qual não é possível formar uma palavra que tenha sentido, sai do jogo.

78. COMUNICAÇÃO NÃO VERBAL

1. Quatro pessoas se retirarão da sala, enquanto isso o grupo escolhe uma cena muda qualquer.
2. A cena pode ser, por exemplo, esquematizar, com os gestos, a forma de um elefante.
3. A seguir, faz-se entrar um dos voluntários a quem se apresentará a cena muda, ou seja, o animador deverá representar com os gestos o formato de um elefante.
4. Cabe ao primeiro voluntário prestar bem atenção para a seguir adivinhar de que se trata.
5. A seguir entra um segundo voluntário, a quem se repete a cena e logo a seguir o terceiro e o quarto.
6. No final, um a um deverá dizer o significado da cena muda.
7. A brincadeira poderá ser feita com outras cenas mudas, assim por exemplo: alguém embalando um neném imaginário, trocando-lhe as fraldas, colocando talco, preparando-lhe e dando a mamadeira, adormecendo-o e pondo-o na cama.

79. RAPIDEZ

1. O animador escreve num quadro-negro os números de 1 a 25, em qualquer ordem, procurando espalhar o mais possível os números.

2. A seguir chama dois voluntários que deverão riscar os números seguindo a ordem de enumeração.

3. Vence, quem por primeiro riscar os números de 1 a 25, seguindo a ordem normal dos números.

4. Para que possam dois voluntários executar a tarefa, é preciso que o animador escreva os números em cada metade do quadro-negro.

5. Finalmente, a tarefa é executada, chamando dois voluntários para apagar os números, seguindo também a ordem normal dos números, ao apagá-los.

6. Será vencedor quem por primeiro terminar a tarefa.

80. PINGUE-PONGUE

1. Numa mesa não muito grande colocam-se de joelhos, ao redor, dois times, para disputar um jogo de pingue-pongue a sopro.

2. Os jogadores devem obedecer as seguintes regras:

   a) ninguém poderá apoiar-se na mesa;

   b) ninguém pode pôr as mãos na bolinha e nem na mesa;

   c) deverão todos ficar de joelhos, os braços cruzados nas costas, ao redor da mesa;

   d) será ponto toda a vez que os de um time conseguirem fazer com que a bolinha caia da mesa no lado oposto.

81. BUSCA DE SAPATOS

1. A brincadeira é feita com um grupo de oito a dez participantes.
2. O animador ordena que todos descalcem os sapatos, colocando-os amontoados, no centro do círculo.
3. Todos retornam para o círculo, bastante aberto, e afastado do montão de sapatos.
4. A um sinal dado pelo animador, todos correm para o centro do círculo, procurando seu par de sapatos, calçando-o.
5. Será permitido atirar para longe os sapatos dos outros.
6. Será vencedor quem por primeiro calçar seu par de sapatos.

82. TELEGRAMAS

1. O animador manda que todos procurem escrever um telegrama, cujas palavras comecem com a letra «R» ou outra letra qualquer.
2. Será vencedor aquele que, dentro de três minutos, apresentar o seu telegrama, iniciando com a letra indicada, e que tenha um sentido.

83. CAIXA DE FÓSFOROS

1. Solicita-se que dois ou mais competidores se apresentem no meio do grupo.

2. Cada um receberá uma caixa de fósforos, que deverá ser aberta somente com uma das mãos e, uma vez aberta, tirar um palito de fósforo e acendê-lo.
3. O primeiro que conseguir fazê-lo será vencedor.

84. JOGO DO CÍRCULO

1. O animador faz um círculo no meio da sala.
2. Depois de dividir o grupão em dois subgrupos, vendam-se os olhos de todos os participantes, que deverão permanecer fora do círculo.
3. A seguir o animador ordena que todos se dirijam para dentro do círculo.
4. Será vencedor o subgrupo que tiver maior número de participantes dentro do círculo.
5. Caso a brincadeira se realizar dentro de uma sala escura ou à noite, será desnecessário vendar os olhos dos participantes.

85. MARCHA SOLDADO

1. Todos os participantes encontram-se sentados em forma circular.
2. O animador, de pé no centro do círculo, dá início a um novo círculo, cantando: «Marcha soldado...», com todo o grupo cantando.

3. A certa altura, chama com um gesto qualquer um dos participantes para que se levante e entre na corrente.
4. O animador, de vassoura na mão, dá um sinal, larga a vassoura e procura um lugar para sentar-se, bem como os demais.
5. O que ficar sem assento toma a vassoura e prossegue o jogo.

86. PROCURA DA PALAVRA

1. O animador pensa uma palavra, escreve no quadro-negro as letras dessa palavra desordenadamente.
2. Quem por primeiro descobrir a palavra será vencedor da brincadeira.

87. VAMOS VER O QUE DÁ

1. Os participantes formam um círculo.
2. O animador fica no centro do círculo e distribuirá um lápis e uma folha para cada participante.
3. Todos deverão escrever a primeira frase de um fato (por exemplo, uma caçada).
4. A seguir, o animador ordena que todos dobrem a parte escrita de maneira a ficar oculto o escrito; a seguir passem a folha para o colega da direita.

5. Em prosseguimento, todos deverão escrever a segunda parte da história, dobrando novamente o papel a passando-o ao da direita e assim sucessivamente por quatro ou cinco vezes.
6. A brincadeira terminará com a leitura dos fatos.

88. A CAIXINHA DA MÚSICA

1. Os participantes da brincadeira estão dispostos em forma circular.
2. Ao som de uma música, vão passando de um para o outro, rapidamente, uma caixinha contendo bilhetes com tarefas.
3. O responsável pela música, de costas para o grupo, de tempo em tempo, pára a música.
4. A pessoa que se achar com a caixinha na mão na hora da suspensão da música deverá retirar um bilhete e executar no meio do círculo a tarefa que lhe coube por sorte.
5. Prossegue, a seguir o jogo, até o término das tarefas.

89. ADIVINHAÇÃO

1. O animador pede que três participantes da brincadeira se retirem da sala.

2. Na ausência dos três, forma-se um círculo, no qual todos devem modificar a posição de alguma coisa pessoal. (Por exemplo: desabotoar a blusa, mudar a posição do relógio etc.).

3. Os três ausentes são convidados, um a um, para entrar no círculo, cabendo a cada um adivinhar as modificações realizadas nas pessoas sentadas no círculo.

4. Será vencedor quem descobrir as alterações feitas.

90. SAUDAÇÕES

1. Dois ou três participantes saem da sala.

2. No meio do círculo do grupo colocam-se 4 cadeiras para personagens «ilustres», mas invisíveis. (Por exemplo: um orangotango, a «miss» universo, o Presidente de um país).

3. Chama-se o primeiro dos ausentes a quem se explica: nestas quatro cadeiras estão personagens ilustres aos quais você deverá saudar com a maior das reverências.

4. Feita a sadação, o grupo identificará as personagens colocadas em cada cadeira.

5. A seguir, chama-se o segundo participante ausente, e prossegue-se o exercício.

91. QUEM SERÁ

1. O animador venda os olhos de todos os participantes da brincadeira, ou pede que todos fechem os olhos colocando as mãos diante dos mesmos.
2. A seguir, o animador desloca os participantes, a tal ponto que ninguém saiba mais quem é o seu vizinho.
3. Um dos participantes é levado para fora da sala.
4. A seguir desvenda os olhos ou manda abrir os olhos, e quem por primeiro adivinhar o nome da pessoa ausente será vencedor da brincadeira.

92. A CORRENTE ELÉTRICA

1. Um dos participantes é convidado a sair da sala.
2. Enquanto isso os demais combinam quem será o eletrizado que ele deverá descobrir colocando a mão sobre a cabeça.
3. Em seguida entra o que se havia retirado.
4. O animador solicita que o mesmo descubra o eletrizado colocando as mãos sobre a cabeça dos participantes.
5. Ao encostar as mãos na cabeça do escolhido, todo o grupo dá um grito.
6. Assim termina a brincadeira.

93. CAMELO E CAMARADA

1. O animador, seguindo a ordem do círculo, diz para os participantes, que são: camelo, camarada, camelo, camarada, etc. até indicar todos os participantes.
2. A seguir, o animador começa por contar uma estória que aconteceu na África.
3. Toda vez que na estória aparecer o nome «camelo», todos aqueles que são «camelo» fazem uma grande inclinação com a cabeça e o corpo e toda vez que dentro da estória se falar a palavra «camarada», todos os que são «camarada» inclinam a cabeça e o corpo.
4. Cabe ao animador criar um certo suspense, para isso poderá simplesmente dizer as letras iniciais: antes de pronunciar «camelo ou camarada»: assim ca-a-m...

94. CAIXA DE FÓSFOROS E O NARIZ

1. Dividem-se os participantes em duas equipes.
2. Dispõe-se cada equipe em fila indiana.
3. Cada cabeceira de fila recebe uma tampa de caixinha de fósforos, que será colocada na ponta do nariz e passada adiante, acolhida também pela ponta do nariz do seguinte na fila, sem auxílio das mãos, e assim até chegar ao final da fila.
4. Será vencedor a equipe que primeiro terminar.

95. SÓ UMA FRASE PERDOA

1. Um dos participantes sai da sala.
2. Na ausência do voluntário, o animador combina com os presentes que o ausente é um criminoso. Só uma pergunta poderá perdoar o crime. Cabe ao voluntário adivinhar esta pergunta.
3. Assim que o voluntário retornar para o grupo, todos devem procurar imitar tudo o que ele fizer e falar. Se perguntar: — «Por que vocês me estão imitando», ele será perdoado.
4. O voluntário volta para o círculo, e o animador lhe explica que ele está sendo acusado de um crime, só uma pergunta poderá perdoar seu crime.
5. A brincadeira começa, e só termina quando o voluntário formular a pergunta: — «Por que me estão imitando?»

96. ESTOURO DO BALÃO

1. Escolhem-se uns oito a dez voluntários.
2. Todos receberão um balão de ar atado ao tornozelo.
3. Cada um deverá cuidar do seu e ao mesmo tempo tentar estourar o balão do outro com os pés.
4. Será vitorioso aquele que conseguir estourar o balão dos adversários e permanecer com o seu inteiro.

97. CALÇAR A CADEIRA

1. Escolhem-se dois voluntários.
2. Com os olhos vendados, os dois voluntários no meio do círculo procurarão calçar duas cadeiras com sapatos ou copos de papel, que se encontram dentro do círculo.
3. Cada um procurará calçar a própria cadeira com os copos ou sapatos dos companheiros, espalhados dentro do círculo.
4. Será vencedor quem conseguir primeiro calçar os quatro pés de sua cadeira.

98. VOCÊ LÊ A BÍBLIA

1. O animador pede que dois voluntários se retirem da sala, enquanto a brincadeira é explicada para o grupo.
2. Coloca-se outra pessoa voluntária numa cadeira, coberta com um lençol ou cobertor, e com um espelho na mão colocado um pouco acima dos pés, escondido debaixo do cobertor.
3. A pessoa sentada na cadeira chama-se Noé.
4. Um a um entram os dois voluntários. O primeiro a se apresentar deverá ajoelhar-se diante de Noé e implorar-lhe em altos brados que lhe mostre um animal feio e asqueroso.

5. Depois de implorar três vezes, o animador abaixa a cabeça deste voluntário que se encontra ajoelhado diante de Noé e levanta um pouco o cobertor até a altura do espelho.
6. Olhando no espelho, Noé atendeu a prece.

99. MINHA TIA TROUXE

1. O animador diz que sua tia veio da Europa e lhe trouxe um leque que faz assim.
2. Todos imitam, abanando-se com a mão.
3. Uma bicicleta.
4. Todos imitam: abanando, pedalando.
5. Um boneca.
6. Todos imitam: abanando, pedalando e embalando (abanando com uma mão, embalando com a outra, e com os pés, pedalando).
7. E assim ir acrescentando outras coisas até estar com o corpo todo em movimento.

100. GINCANA

1. O animador forma diversas equipes com igual número de participantes.
2. Cada equipe escolherá aqueles que a representarão nas diferentes provas.

3. Trata-se de cumprir tarefas, tais como: corrida com um ovo numa colher; encher uma garrafa de água; enfiar a linha numa agulha; correr com os pés dentro de um saco; encher um balão de ar; comer uma maçã, etc.
4. Vencerá a equipe que conseguir maior número de pontos.

101. JOGO DOS COELHOS

1. Os participantes de mãos dadas, dois a dois, formam as tocas dos coelhinhos.
2. Dentro de cada toca se coloca um participante, que é o coelho.
3. O animador comanda o jogo e fica sem toca.
4. Quando o animador gritar: «Trocar de Toca», todos os «coelhos» saem da toca e procuram entrar numa outra toca.
3. O que ficar sem toca será a pessoa que dará o comando: «Trocar a Toca».
6. E assim por diante, até a turma perder a motivação da brincadeira.

102. UMA CAÇADA ORIGINAL

1. O animador divide o grupo em várias equipes.
2. Cada equipe escolherá o seu líder que receberá a lista de coisas que deverão ser procuradas por to-

dos os participantes da equipe num tempo determinado (por exemplo dentro de meia hora).

3. Vencerá a equipe que conseguir maior parte das coisas solicitadas, em menos tempo.

4. As listas são iguais para todas as equipes.

5. Exemplo de listas a serem pedidas:

Lista nº 1

5 moedas de valores diferentes
1 jornal, com a data mais antiga
1 faca e um canivete
1 baton
1 retrato do presidente da República
1 abridor de garrafas
uma flor vermelha
5 tampinhas diferentes de garrafas de refrigerantes

Lista nº 2

1 par de luvas
10 bolinhas de gude
1 colar de fantasia
1 caneta-tinteiro
1 saca-rolha
1 lata velha
5 penas de galinha
1 postal da cidade

103. COMO FAZ O COELHINHO

1. Todos os participantes estão em pé, em forma circular.

2. O animador faz a seguinte pergunta ao colega de sua direita: «Você sabe como faz o coelhinho?»

3. O colega da direita responde: «Não sei, como ele faz?»
4. Então o animador diz: «Faz assim», e nisso levanta os braços até a altura da cintura, e dobra as mãos para dentro, e fica nessa posição.
5. A seguir, a pessoa da direita do animador repete a pergunta e a resposta, até que todos estejam com a posição dos braços levantados e as mãos para dentro.
6. Nisso volta a vez do animador, que conclui: «Já que ninguém sabe como faz o coelhinho, eu também não sei», e termina a brincadeira.

104. ACERTEI?

1. O animador desenha no quadro um porco sem o rabo.
2. Escolhe um voluntário a quem se vendam os olhos e compete a ele completar o desenho do porco, desenhando com os olhos vendados o rabo.
3. Várias pessoas podem tentar, e será vencedor quem souber completar o desenho.

105. SALADA DE FRUTAS

1. Todo grupo sentado em círculo.
2. A seguir, o animador dará o nome de uma fruta para cada participante.
(o mesmo nome pode ser repetido).

3. Em continuação, o animador, no centro do grupo, chamará o nome de algumas frutas.
4. Os que tiverem estes nomes deverão apresentar-se no centro, nisso o animador dirá: «Salada de Frutas».
5. Ao dizer: «Salada de Frutas», todos procuram sentar-se, inclusive o animador.
6. Quem ficar sem assento continuará a brincadeira.

106. POR QUÊ? PARA QUÊ?

1. O animador fica no centro do círculo.
2. Começa por perguntar aos participantes que se encontram no círculo.
3. As perguntas serão: «Fulano, por quê?» ou «Para quê?...»
4. Quem não responder imediatamente com uma resposta aceitável será excluído da brincadeira.
5. Assim, por exemplo: «Fulano, por que você veio para o grupo?...»

107 QUEM DÁ PRIMEIRO

1. Dois times, o da direita e o da esquerda.
2. O animador se coloca de costas para o grupo e pede objetos como: sapato preto, lápis, aliança, óculos, paletó, etc.

3. Vence o time que primeiro alcançar ao animador o objeto pedido.

108. O QUADRADO MÁGICO

1. O animador desenha no quadro-negro ou numa cartolina uma figura com 9 quadrados.
2. Em cada quadro cabe um número de 1 a 9.
3. Trata-se de colocar um número em cada quadrado, que o resultado cuja soma, tanto na linha vertical como na horizontal, deverá ser sempre quinze.
4. Será vencedor aquele que por primeiro apresentar seus quadrados com a soma 15 tanto na linha vertical como na horizontal.
5. O animador poderá colaborar, dizendo que o número cinco deverá ser colocado no quadrado central da figura.

109. PISA-PISA

1. O animador traça uma linha de chegada no chão.
2. Os participantes da brincadeira encontram-se todos distantes dessa linha de chegada, ou seja, na linha de largada.
3. Todos devem estar munidos com dois pedaços de jornal.

4. A um sinal dado, os participantes partirão caminhando sempre sobre os pedaços de jornal, que deverão levar adiante com as mãos depois de cada passo.

5. Vencerá aquela pessoa que primeiro alcançar a linha de chegada.

110. PENSAR NO ABC

1. Os participantes encontram-se todos em círculo.
2. A brincadeira inicia, nomeando, um a um, seguindo o círculo, o nome de um país, seguindo a ordem alfabética.
3. Assim, por exemplo: Argentina, Brasil, Chile, etc.
4. Sai quem não souber continuar

111. O SEGREDO

1. Escondem-se vários objetos.
2. Divide-se o grupo em várias equipes.
3. Manda-se procurar os objetos escondidos.
4. Vencerá a equipe que encontrar maior número de objetos.

112. DESCOBRIR QUEM É

1. Um círculo grande com todos os participantes.
2. Um deles, de olhos vendados, vai passando dentro do círculo até encontrar um participante.
3. Examina-o detalhadamente com o tato (mãos), tentando adivinhar quem é.
4. Quando descobrir quem é, lhe será retirada a venda dos olhos e assumirá o seu papel o outro.

113. O LIVRO DE MOISÉS

1. O animador toma um jornal e o reparte em 7 folhas que são colocadas no chão, uma folha ao lado da outra.
2. A seguir convida um voluntário a quem se vendam os olhos.
3. Com os olhos vendados, ele deverá beijar todas as folhas uma depois da outra.
4. Debaixo da última folha se coloca uma jarra com água, e no momento em que o voluntário se abaixar para beijar o animador pressiona sua cabeça sobre a folha para dentro da jarra com água.

114. O JOGO DOS CABOS

1. Escolhem-se dois voluntários.
2. Cada qual recebe um cabo de vassoura, ou coisa semelhante.

3. Organiza-se um campo para jogar futebol, usando-se para goleiro uma cadeira de cada lado.
4. Para bola, usa-se um pano de chão.
5. Dado o sinal pelo animador, começa o jogo, cabendo a cada jogador conduzir pelo chão o pano, preso com o cabo, até debaixo da cadeira do adversário.
6. Será vencedor aquele que conseguir colocar o pano de chão por primeiro debaixo da cadeira do seu adversário.

115. O JOGO DA BANANA

1. Vendam-se os olhos de dois voluntários.
2. Cada qual receberá uma banana descascada.
3. Será vencedor aquele que por primeiro conseguir enfiar a banana na boca de seu adversário.

116. O SEGREDO DO BILHETE

1. O animador tem um auxiliar que conhece o truque da brincadeira.
2. Todos devem escrever um bilhete e dobrá-lo. Será recolhido pelo animador.
3. A seguir o animador retira um dos bilhetes, faz alguns gestos misteriosos, sopra em cima, e com

este bilhete na mão, fechado, lê para o grupo o conteúdo. (Na verdade, ele inventará na hora algumas frases).

4. O auxiliar do animador, no meio do grupo, dirá: este é o meu bilhete (na verdade o bilhete que se encontra na mão do animador é de outra pessoa, ainda não identificada).
5. A seguir o animador retira outro bilhete e, em vez de lê-lo, veladamente lerá o primeiro bilhete. Para todos os efeitos, ele está lendo o bilhete que acaba de retirar.
6. E o exercício continua, cabendo ao animador ler sempre o bilhete anterior e não aquele retirado no momento. (O truque é só conhecido pelo auxiliar do animador).
7. E a brincadeira continua até o término da leitura de todos os bilhetes.

117. DESMONTAGEM

1. O animador forma dois subgrupos.
2. Cabe a um dos subgrupos amontoar desordenadamente cadeiras e mesas.
3. O outro subgrupo deverá desmontar as mesas e cadeiras sem fazer barulho.
4. O subgrupo que amontoou as cadeiras fará a contagem dos ruídos ou barulhos.

5. E a brincadeira continua, invertendo-se as tarefas.
6. Será vencedor o subgrupo que fizer menos número de ruídos ou barulhos na desmontagem.

118. TIBITA

1. Escolhe-se um voluntário que sai da sala enquanto a brincadeira é explicada ao grupo.
2. Cabe ao grupo escolher um verbo, que traduza uma ação que geralmente é praticada no decorrer do dia.
3. O voluntário deverá adivinhar este verbo.
4. Para advinhá-lo formulará sempre a mesma pergunta aos outros participantes, seguindo em forma de círculo.
5. A resposta dos participantes só serão «Sim» ou «Não».
6. Suponhamos que o grupo escolheu o verbo **Cantar.**
7. O voluntário, voltando ao grupo, recebe a seguinte explicação:
   a) o grupo escolheu um verbo que explica uma ação que a gente geralmente faz durante o dia;
   b) você, voluntário, só poderá formular a pergunta, iniciando por **Você Tibita**... e o resto, por exemplo: **Você Tibita de manhã?;**
   c) a resposta só poderá ser «Sim» ou «Não»;

d) pelas respostas Sim ou Não você será capaz de adivinhar o nome do verbo;

e) ser-lhe-ão dadas três chances para esta adivinhação, ou seja: quando achar que adivinhou o nome do verbo, deverá dizê-lo ao grupo;

f) se após três chances não conseguir adivinhar, prossegue-se a brincadeira com outro voluntário.

119. CÍRCULO DE GIZ

1. O animador desenha um círculo, a giz, no chão.
2. O círculo deverá ser capaz de poder conter todos os participantes.
3. A seguir, apaga as luzes da sala, e ordena que todos procurem entrar no círculo.
4. Após alguns minutos, acende as luzes, e quem estiver fora do círculo sai da brincadeira.
5. À medida que diminuir o número de participantes, poderá diminuir o tamanho do círculo.

120. TOMÉ

1. O animador pede a colaboração de uns 6 a 8 voluntários.
2. Estes voluntários devem formar uma fila, de pé, e o mais próximo um do outro.

3. O animador fica no início da fila e começará interrogando o companheiro do seu lado, com a seguinte pergunta: «Você conhece o Tomé?»
4. O companheiro responde: «Que Tomé?»
5. O animador diz fazendo o gesto: «Aquele que faz assim». (Coloca uma das mãos espalmada diante do nariz, fazendo o que chamamos de nariz comprido).
6. Este diálogo prossegue com o companheiro seguinte até o último da fila, todos continuando a fazer o mesmo gesto.
7. O último elemento então repete a pergunta ao coordenador e este inicia novo diálogo, seguindo a mesma seqüência, e acrescentando mais um gesto (Coloca as duas mãos espalmadas diante do nariz, fazendo nariz comprido, e fica nessa posição).
8. Isso se processará também até o último da fila, iniciando-se o 3º diálogo, seguindo-se a mesma seqüência e acrescentando-se mais um gesto (Um dos joelhos ficará no chão, e é o mais próximo ao companheiro do lado).
9. Depois que todos estiverem ajoelhados e com as duas mãos ocupadas, o animador repete o diálogo e quando disser: «Aquele que faz assim», dará um empurrão no seu colega do lado, este cairá sobre seu vizinho, e assim sucessivamente todos cairão, já que estão desprevenidos e sem apoio.

121. ADVINHAR O NÚMERO

1. O animador pede alguém do grupo para pensar em um número qualquer.
2. A seguir multiplicar este número por dois, e acrescentar o número 5, e o resultado multiplicar por 5.
3. Ao resultado obtido, somar com 10 e multiplicar por 10.
4. Agora o animador pede este resultado e dele subtrai 350 e divide este resultado por 100.
5. Esta última operação vai dar o número pensado pela pessoa.
6. Assim, por exemplo: A pessoa pensa no número 9; de acordo com a explicação acima, temos: $9 \times 2 = 18 + 5 = 23 \times 5 = 115 + 10 = 125 \times 10 = 1.250$; $1.250 - 350 = 900 \div 100 = 9$.

122. A SANFONA

1. Cada participante tem uma papeleta de aproximadamente 5 cm de largura.
2. Todos devem dobrar esta papeleta em forma de «sanfona».
3. O animador fará diversas perguntas, e cada um escreverá uma resposta, a partir da primeira página da «sanfona».

4. Escrita a resposta, passa a folha sanfonada para o vizinho que nela escreve a resposta à segunda pergunta formulada pelo animador e assim sucessivamente.

5. Cada qual escreverá a resposta numa folha seguinte, não podendo saber o que o colega respondeu na folha anterior.

6. Assim, por exemplo, o animador fará a primeira pergunta: «Quem perdeu algo?» Todos respondem na primeira página, e passam a folha para o vizinho da direita. E o animador fará a segunda pergunta: «Quando foi perdido?» Todos respondem e passam a folha para o seguinte. Outras perguntas: «Onde foi perdido?» «O que perdeu?» «Que forma tinha?» «Que cor?» «Quem encontrou?» «Quem encontrou, recebeu o quê?»

7. Finalmente, respondidas todas as perguntas, o animador recomeça a leitura das perguntas e cada um por sua vez lerá a resposta da própria papeleta.

123. CRUZAR OS BRAÇOS

1. O grupo está sentado em forma circular.

2. O animador passa para o vizinho da esquerda um lápis ou caneta, com sua mão direita, deixando sua mão esquerda em cima do joelho esquerdo.

3. Nessa passagem, o braço e a mão direita cruzam com o braço da mão esquerda, que é o truque da brincadeira.

4. Em seguida manda repetir esta tarefa, seguindo o círculo sempre da direita para a esquerda, e a pessoa deve ao passar o objeto dizer: «cruzado ou descruzado».
5. O animador dirá «certo ou errado», conforme o caso.
6. Quem descobre não divulgará, mas fará coro ao animador no julgamento «certo ou errado».

124. CARTA EM SANFONADA

1. Cada participante toma uma folha e dobra-a em forma sanfonada.
2. A seguir, cada qual deverá escrever na primeira página, em poucas palavras, uma carta de amor ou de felicitações.
3. Feita esta tarefa, cada qual passa para o vizinho da direita sua «sanfona»; este escreverá, na primeira página interna, a continuação de uma carta de amor ou de felicitações.
4. A brincadeira continua, até que todos tenham preenchido as páginas internas da sanfona.
5. Terminada a escrita, começam a leitura.

125. CONSTRUÇÃO DA TORRE

1. O animador coloca no meio do círculo uma garrafa, e todos os participantes recebem pauzinhos de fósforos ou palitos.

2. Um a um, vão colocando um pauzinho sobre a garrafa.

3. Perde o jogo quem ao colocar seu pauzinho ou o seu palito derrubar os pauzinhos.

126. A PALAVRA «X»

1. O animador pensa numa palavra com várias letras, possivelmente um nome próprio.

2. Escreve, no quadro-negro ou numa cartolina, tantos «x» quantas forem as letras da palavra pensada.

3. Cabe aos outros participantes da brincadeira adivinhar a palavra.

4. Quem adivinhar será vencedor.

127. ESCRITA CORRETA

1. O animador organiza dois subgrupos.

2. Manda de cada subgrupo uma pessoa para o quadro-negro.

3. A seguir dita palavras cuja escrita é complicada.

4. Conta ponto o subgrupo que acertar por primeiro.

5. Pode-se mandar ao quadro, de dois em dois, somando-se no final os pontos ganhos.

6. Será vencedor quem faturar maior número de pontos.

128. TROCA DE POSIÇÕES

1. O animador organiza dois subgrupos.
2. Cada subgrupo terá um lugar próprio para trocar de posição 12 coisas, usadas no momento.
3. Após uns três ou quatro minutos, o animador dá no máximo cinco minutos para que um subgrupo localize no outro as mudanças feitas.
4. Assim: podem trocar de blusa, um com o outro, desabotoar, trocar sapatos, trocar jóias, etc.
5. Será vencedor aquele subgrupo que descobrir todas as mudanças feitas ou aquele que descobrir em cinco minutos maior número de trocas feitas.

129. QUEM SERÁ

1. Os participantes todos escrevem num bilhete o seu próprio nome.
2. O animador recolhe os bilhetes e os redistribui a cada participante, depois que todos estiverem sentados em círculo, o rosto para fora do círculo e as costas para o centro do círculo.
3. Um do círculo começa por descrever a pessoa cujo nome está no bilhete, sem identificá-la pelo nome.
4. Quem dos outros participantes adivinhar a quem se refere a descrição poderá dizê-lo em voz alta.
5. O primeiro que acertar será o vencedor.

130. PROCURA DE UM RELÓGIO

1. O animador venda os olhos de um participante, a quem cabe descobrir com os ouvidos a localização de um relógio que fica uns dois a três metros do centro do círculo.
2. Quem procura terá no máximo cinco minutos para descobrir o relógio.
3. Após cinco minutos, outro participante pode executar a tarefa.
4. Esta brincadeira exige o máximo de silêncio por parte do grupo todo.

131. O REI DA FRUTA

1. O animador forma pares.
2. Ao som de uma música (disco ou fita), o par vai dançando, tendo presa na testa uma fruta (laranja ou maçã), e os braços cruzados nas costas.
3. O par que agüentar mais tempo será o «Rei da Fruta». Perde quem deixar cair a fruta.

132. PROCURA DE UM ANIMAL

1. O animador organiza dois subgrupos, e cada qual vai em busca de um animal vivo (sapinho, besouro ou coleóptero, etc.).
2. Será vencedor quem trouxer primeiro um animal vivo para o animador.

133. FAZER E DESFAZER O NÓ

1. O animador organiza dois subgrupos, e forma duas filas.
2. A primeira pessoa de cada fila recebe uma corda.
3. O número de pessoas de cada subgrupo deve ser igual.
4. Dado o sinal pelo animador, o primeiro da fila faz um nó na corda e vem mostrá-lo ao animador.
5. Após examiná-lo, devolve-o ao primeiro da fila que entrega a corda para o segundo da fila a quem cabe desatar o nó e passar a corda para o terceiro da fila.
6. O terceiro faz novamente o nó, mostra-o ao animador e passa a corda para o seguinte, que deverá desatá-lo.
7. E a brincadeira continua assim até que todos tenham executado uma tarefa.
8. Será vencedor quem terminar primeiro.

134. VEJO O QUE VOCÊ NÃO VÊ

1. Em círculo, cada um olha a cor de uma flor, árvore, inseto, caso a brincadeira se realize num ambiente aberto, e, se for dentro de uma sala, olha a cor de um quadro de uma parede ou de um objeto.

2. A seguir dirá: «Vejo o que vocês não vêem». O que será?
3. Quem do grupo adivinhar de que se trata, será vencedor.
4. A brincadeira segue o círculo, e termina quando todos tiverem participado.

135. PULGA À VISTA

1. Todos os participantes encontram-se numa fileira, muito próximos uns dos outros.
2. O primeiro da fila diz: «Olha lá uma pulga», e mostra com o braço, que fica levantado.
3. Todos, um a um, dizem o mesmo, e ficam com o braço levantado.
4. Chegando novamente a vez do primeiro da fila, este diz novamente: «Olhe, outra pulga», e mostra para o chão com a outra mão, ficando na mesma posição.
5. Todos, um a um, repetem a mesma coisa, ficando com o braço para baixo.
6. Finalmente, chegando novamente a vez do primeiro da fila, este diz: «Aí vem outra pulga», do lado oposto das pessoas.
7. No momento em que todos olham, o primeiro da fila empurra o seu vizinho, e este por sua vez o seu vizinho, e assim sucessivamente, todos acabam caindo ao chão.

136. O HOMEM FORTE

1. O animador, depois de formar um círculo com os participantes, pede que um voluntário bem forte se apresente no centro do círculo.
2. O voluntário recebe uma caixa de fósforos vazia, com o seguinte desafio: «Garanto que você não consegue quebrar esta caixa com três golpes bem fortes».
3. Coloca-se a caixa de fósforos vazia sobre uma mesa ou cadeira.
4. Observa-se que o voluntário, já com o primeiro golpe, quebra a caixa. Se tal acontecer terá perdido o jogo, pois trata-se de quebrar a caixa com três golpes, e não com um só golpe.

137. RAPIDEZ EM SE VESTIR

1. Formam-se duas fileiras com os participantes da brincadeira, com um número igual de pessoas.
2. A primeira pessoa de cada fileira recebe um paletó ou casaco, um par de meias, e um chale para vestir.
3. Sob o comando do animador, a primeira pessoa de cada fileira deverá vestir o paletó ou o casaco, o par de meias e colocar o chale no pescoço, e a seguir correr em redor da fileira, retornando à sua cadeira.

4. Uma vez na cadeira tira as meias, o paletó ou casaco e passa para a segunda pessoa da fila, a quem cabe repetir o processo.
5. Será vencedora a fila que terminar por primeiro.

138. TRÊS PANCADAS

1. O animador escolhe um voluntário e lança-lhe o seguinte desafio: «Dou-lhe cem cruzeiros, se for capaz de agüentar três pancadas».
2. Naturalmente o voluntário aceita o desafio.
3. A seguir o animador dá-lhe duas pancadas na parte traseira e diz: «A terceira lhe aplicarei no próximo ano».
4. A brincadeira termina com uma risada geral.

139. O CAMELO NO FURO DE UMA AGULHA

1. Todos conhecem a passagem bíblica, que diz ser «mais fácil um camelo passar pelo furo de uma agulha, que um rico entrar no céu». Com esta motivação o animador começa a brincadeira.
2. Depois disso, o animador lança um desafio sobre o grupo, dizendo: «Que vocês me oferecem se eu mesmo conseguir passar pela abertura de um anel?»

3. Aceito o desafio, toma um anel, e após escrever num bilhete «Eu Mesmo», enrola este bilhete e o atravessa pela abertura do anel, e está ganho o jogo.

140. EQUILIBRAR EM CIMA

1. O animador coloca no meio do círculo um copo vazio e diz: «Se alguém me der uma nota de cinqüenta cruzeiros, eu me equilibro em cima».
2. Naturalmente haverá um «gaiato» que irá oferecer uma nota de cinqüenta cruzeiros.
3. O animador toma a nota de cinqüenta cruzeiros, coloca-a no chão e se equilibra em cima, e ganhou o jogo.

141. RESPONDE SÓ «SIM»

1. O animador chama um voluntário e lança-lhe o seguinte desafio: Garanto que você não será capaz de responder só um «sim», nas três perguntas que vou formular.
2. Aceito o desafio, o animador formulará a primeira e a segunda pergunta, assim, por exemplo: Você sabe ler? A resposta será «sim»; você ama seus pais? A resposta será «sim». E a terceira pergunta será: «Já perdeu o desafio há muito tempo?»
3. Geralmente ao dizer: «Já perdeu o desafio há muito tempo» o voluntário dirá: «Não»... com o que perdeu o jogo.

142. UM PAR DE SAPATOS

1. A brincadeira realiza-se com um grupo misto.
2. O animador manda que cada pessoa do sexo feminino tire um dos seus sapatos, colocando-o no meio do círculo.
3. A cada pessoa do sexo masculino cabe buscar um dos sapatos do círculo e, a quem o mesmo pertencer, formará o par para dançar.

143. VIAGEM PARA JERUSALÉM

1. Forma-se um círculo com cadeiras. Uma cadeira a menos do que o número de participantes da brincadeira.
2. Os participantes, com as mãos nas costas, devem marchar em redor das cadeiras, ao mesmo tempo que dizem em voz alta: «Viajamos para Jerusalém, quem irá conosco?»
3. Continuam repetindo a mesma frase, enquanto marcham em redor das cadeiras.
4. A certa altura, o animador diz: «Parem», e imediatamente todos procuram sentar-se numa cadeira, e quem não consegue sentar-se numa cadeira sai do jogo.
5. Elimina-se uma cadeira e a brincadeira continua até que permaneça somente uma cadeira.

144. A CAÇA DAS CADEIRAS

1. Haverá tantas cadeiras colocadas em círculo, quantos participantes na brincadeira menos duas.
2. Os participantes formam-se em pares, e ao som da música caminham em redor das cadeiras.
3. Interrompendo a música todos procuram sentar-se, não sendo permitido desfazer os pares. Não vale ficar afastado do colega com quem forma o par.
4. O par que ficar sem cadeira é eliminado do jogo.
5. A seguir eliminam-se duas cadeiras, e a brincadeira continua.
6. Será vencedor o par que ficar até o final.

145. ALUGA-SE UM QUARTO

1. Os participantes sentados, com as cadeiras colocadas em forma circular.
2. Haverá tantas cadeiras quantos forem os participantes, e menos a cadeira do animador.
3. Uma vez todos sentados, o animador dirige-se a um e lhe pergunta: «Deseja alugar um quarto?», passando de um a um.
4. Enquanto coloca a pergunta os participantes que se encontram atrás do animador devem permutar seus lugares.

5. Numa dessas mudanças, o animador tenta ocupar uma das cadeiras, ficando alguém sem cadeira.
6. Cabe, agora, a esta pessoa, continuar a brincadeira, formulando a mesma pergunta acima.
7. A brincadeira continua até não haver mais motivação para a mesma.

146. A CAÇA CHINESA DAS CADEIRAS

1. Para este jogo, novamente haverá tantas cadeiras colocadas em forma circular quantos forem os participantes, menos uma.
2. Os participantes, formados só com pessoas do sexo feminino, ao som de uma música, marcham novamente em redor das cadeiras.
3. Os membros do sexo masculino estão colocados em forma circular, também em redor das cadeiras.
4. Tão logo pare a música, cada membro do sexo masculino tomará a sua dama, fazendo-a sentar numa cadeira. (Supõe-se que os «casais» já foram organizados logo no início do jogo).
5. Nenhuma dama poderá sentar-se a não ser acompanhada pelo cavalheiro, e a dama que ficar sem cadeira será eliminada.
6. Retira-se uma cadeira, e o jogo continua.
7. Será vencedora quem ficar até o fim da brincadeira.

147. A COLHER-CORRENTE

1. Formam-se duas fileiras, com numero igual de participantes, que ficam sentados frente a frente, todos com uma colher de sobremesa.
2. O primeiro da fila recebe na sua colher, presa com o cabo na boca, uma bola de gude ou um caramelo, que deverá passar para a colher do vizinho.
3. A brincadeira começa e, sob uma ordem dada pelo animador, cada um deverá passar a bola de gude ou o caramelo, com a colher na boca, para a colher do vizinho, sem ajuda das mãos, que se encontram cruzadas nas costas.
4. Toda vez que a bola de gude ou o caramelo cair, poderá recolhê-lo com as mãos e continuar a brincadeira.
5. Será vencedora a fileira que por primeiro conseguir passar o seu objeto de colher para colher, sem ajuda das mãos.

148. A CORRENTE DO NARIZ

1. Formam-se duas fileiras, com igual número de participantes, todos frente a frente.
2. O primeiro de cada fila receberá do animador uma caixa de fósforos vazia enfiada no nariz, devendo passá-la sem a ajuda das mãos para o nariz do vizinho.

3. Se por acaso a caixa cair, o jogador poderá recolocá-la com a ajuda das mãos.
4. Será vencedora a fileira que por primeiro conseguir terminar sua tarefa.

149. O GARGALO DA GARRAFA

1. Todos os participantes estão sentados no chão ou ao redor de uma mesa.
2. O animador deita ou no chão ou sobre a mesa uma garrafa vazia, e fará um questionamento qualquer, girando a seguir a garrafa, e para quem apontar o gargalo da garrafa, esta será a pessoa culpada.
3. Assim, por exemplo, o animador perguntará: «Quem, esta manhã não escovou os seus dentes?» A seguir girará a garrafa e, quando parar, a pessoa que não escovou será aquela que for apontada pelo gargalo da garrafa.
4. Prosseguindo o jogo, caberá a esta pessoa apontada pelo gargalo formular outra pergunta e fazer girar a garrafa.
5. A brincadeira continua enquanto houver motivação para a mesma.

150. A PESCA DE MAÇÃS

1. O animador coloca uma bacia cheia de água e algumas maçãs dentro.
2. Quem conseguir pescar uma maçã somente usando a boca poderá ficar com a mesma.

151. BALÃO DE GÁS

1. Todos os participantes recebem um balão de gás vazio.
2. A um sinal dado pelo animador, todos sopram no seu balão e será vencedor quem conseguir estourar por primeiro o seu balão.

152. MINHA TIA NÃO GOSTA DE OSSOS

1. O animador do jogo formula a seguinte pergunta para cada participante: «Minha tia não gosta de ossos; o que você dará para ela?»
2. Cada um por sua vez deverá responder com o nome de algum alimento, em cuja palavra não conste a letra «o». Por exemplo: «salada».
3. O participante que se enganar, dizendo o nome de algum alimento com a letra «o», será excluído.
4. O jogo continuará enquanto tiver motivação.

153. A MADAME FOI AO MERCADO

1. Como no jogo anterior, o animador formula a pergunta seguinte para cada participante: «A madame foi ao mercado, o que é que ela trouxe? A resposta deverá ser algum produto do mercado em cuja palavra não conste a letra «a».
2. O participante que se enganar, dizendo o nome de algum produto com a letra «a», será excluído do jogo.
3. O jogo continuará enquanto tiver motivação.

154. CHEIRA, CHEIRA MEU LINDO RAMALHETE

1. O animador do jogo dirá para cada jogador: «Cheira, cheira meu lindo ramalhete».
2. Um a um ao ser interrogado deverá responder com o nome de uma flor em cuja palavra não conste a letra «i».
3. O participante que se enganar, dizendo o nome de alguma flor com a letra «i», será eliminado do jogo.
4. O jogo continuará enquanto persistir a motivação.

155. NEM «SIM» E NEM «NÃO»

1. Forma-se um círculo com os participantes do jogo.
2. Cada jogador fará uma pergunta simples para o seu vizinho da direita.
3. O jogador interrogado deverá responder a pergunta, porém não poderá dizer nem «sim» e nem «não».
4. Quem disser ou «sim», ou «não», será excluído da brincadeira.

156. O CAVALO DE NAPOLEÃO

1. Todos os participantes do jogo formam um círculo.
2. O animador orienta: O primeiro jogador fará uma frase simples, terminando com um adjetivo. Por exemplo: «O cavalo de Napoleão é gordo».
3. O jogador seguinte deverá repetir a mesma frase e completá-la com um adjetivo que comece igualmente com a letra «g».
4. O jogo continuará enquanto houver motivação para tal, e toda vez que alguém se engana, é eliminado da brincadeira.

157. MEMÓRIA VISUAL

1. Trata de lembrar-se do maior número de objetos.
2. O animador do jogo coloca uma variedade de objetos sobre uma mesa, ou numa sala, na ausência dos participantes.

3. Os participantes da brincadeira são convidados a olhar os objetos pelo espaço de alguns minutos.
4. A seguir, todos deverão relatar numa folha escrita todos os objetos vistos.
5. Vence a brincadeira aquele ou aqueles que, pelo espaço de cinco minutos, relacionarem maior número de objetos vistos.

158. AR, TERRA, MAR

1. Todos os participantes sentados em forma circular.
2. O animador do jogo, no meio do círculo, dirá para cada participante, acompanhando o círculo, AR, TERRA ou MAR.
3. Toda vez que disser AR, o interrogado deverá dar o nome de um pássaro, se disser TERRA, deverá dizer o nome de um animal terrestre, e se disser MAR, o nome de um peixe.
4. Será excluído da brincadeira quem se enganar, ou quem demorar em responder.
5. O jogo continuará enquanto houver interesse.

159. O JOGO DAS FRONTEIRAS

1. O animador relata o seguinte: Imagine que você é um dos participantes do jogo das fronteiras entre os treze países da América do Sul. Nesse jogo en-

tram dois jogadores e cada um ganha um lápis de cor, com a mesma cor. O jogo consiste em cada jogador pintar um país, mas ele não pode pintar dois países vizinhos com a mesma cor. Perde o jogo quem não puder pintar mais nenhum país. Você é capaz de dizer quem vai ganhar este jogo?

2. Solução: O Brasil é o país que faz o maior número de fronteiras com os outros países. Daí, conclui-se que o vencedor do jogo será aquele que primeiro pintar o Brasil.

160. CORRIDA DE CAVALOS

1. O animador conta o seguinte: Um rico fazendeiro chamou seus dois filhos, ambos excelentes cavaleiros, e fez-lhes uma proposta: «Darei uma bolsa cheia de moedas de ouro àquele cujo cavalo der uma volta mais lenta em torno da fazenda». Os filhos hesitaram por um instante, mas, de repente, correram para a cocheira, montaram os cavalos e saíram em disparada. Por quê?

2. Solução: Um montou no cavalo do outro.

161. A CAÇA DO POMBO

1. O animador conta o seguinte: Um caçador encontrou quatro pombos sobre o galho de uma árvore. Deu um tiro e matou um dos quatro pombos. Quantos é que ficaram?

2. Solução: Nenhum, todos os outros três fugiram.

162. O LOBO, A CABRA E A COUVE

1. O animador faz a seguinte colocação: Um certo homem chega à margem de um rio. Trata-se de passar para o outro lado do rio um lobo, uma cabra e um pé de couve. Ora, para fazer este transporte só dispõe de um pequeno barco que só permite levar ao mesmo tempo o homem, o pé de couve e um dos dois animais. Como organizar o transporte para que não fique em nenhum momento a cabra só com o pé de couve ou o lobo só com a cabra?
2. Solução: O homem passa em primeiro lugar a cabra, e a seguir irá buscar o lobo. Passa o lobo e volta com a cabra. Deixa-a, e atravessa com o pé de couve. E a seguir volta para buscar novamente a cabra.

163. AVES E OVOS

1. O animador fará a seguinte colocação: Em visita a uma granja, você foi informado de que 54 galinhas botam 54 dúzias de ovos em 54 dias, e que 36 galinhas comem 36 quilos de ração em 36 dias. Qual seria a quantidade de ração necessária para obter uma dúzia de ovos em um dia?
2. Solução: Se 54 galinhas botam uma dúzia de ovos em um dia, será preciso descobrir a quantidade de ração necessária para alimentá-las no mesmo período. Como sabemos que 36 galinhas comem 1 quilo de ração por dia, o resultado é $54 \div 36 =$ 1,5 quilo.

164. QUE PAÍS É ESTE?

1. O animador fará a seguinte pergunta: A letra **L** está oposta ao **N** e também está à esquerda do **E** e à direita do **A**. O **N** está entre o **H** e o **A**. A letra **M** está oposta ao **A** e também está entre o **E** e o **A**. Se você colocar as letras nos lugares indicados vai descobrir o nome de um país. Qual?
2. Solução: Alemanha.

165. OS LENÇOS

1. O animador fará a seguinte colocação: Maria possui dentro de um armário dezessete lenços azuis, onze lenços amarelos, nove lenços laranja, trinta e quatro lenços verdes. Maria pega, na escuridão da noite, um certo número de lenços, sem ver as cores. Quantos lenços Maria tem de pegar para ter absoluta certeza de que conseguiu pelo menos dois lenços da mesma cor?
2. Solução: No armário há lenços de quatro cores diferentes. Maria, portanto, tem de pegar seis lenços, para estar certa de obter dois da mesma cor.

166. OS DISCOS

1. O animador fará a seguinte colocação: Três homens compareceram diante de um tirano e este lhes disse: «Eis três discos brancos e dois discos

pretos. O meu escravo irá prender um destes discos nas costas de cada qual. Ninguém poderá ver seu próprio disco nas costas, mas somente os colocados nas costas dos outros dois. Cada um deverá adivinhar a cor de seu disco para ser salvo. O primeiro disse: «Preto», e perdeu. O segundo disse: «Preto» e perdeu igualmente. O terceiro disse: «Branco», e venceu. Como é que este terceiro tinha certeza da resposta exata?

2. Solução: O raciocínio do terceiro foi o seguinte: Só havia dois discos pretos em jogo. Se o meu primeiro companheiro disse: «Preto», é porque ele viu nas costas dos outros, seja dois discos brancos, seja um disco branco e um preto. Se viu dois discos pretos, ele teria respondido: «Branco», na certa. O segundo, da mesma forma, teria respondido «branco», se tivesse visto nas minhas costas um disco preto. Portanto, a cor do meu disco é branco.

167. SOBRANDO MULHER

1. O animador fará a seguinte colocação: No salão de um grande hotel começa uma festa na qual há três vezes mais mulheres do que homens. A certa altura, entretanto, quarenta casais vão embora. A partir desse momento, passa a haver cinco vezes mais mulheres do que homens. Quantas mulheres havia no início da festa?

2. Solução: Se partiram 40 homens e 40 mulheres, a diferença entre os dois grupos não se alterou. No

início da festa, a diferença entre homens e mulheres representava duas vezes o número de homens presentes e, após a saída de 40 homens, essa diferença passou a representar quatro vezes o novo número de homens. Dessa forma, diminuindo-se 40 do número de homens chega-se à metade do total inicial. Portanto, no início da festa havia 80 homens e, conseqüentemente, havia um número de 240 mulheres.

168. MOEDAS FALSAS

1. Um rei, na iminência de contratar um cobrador de impostos, propõe a ele o seguinte problema: Você tem aqui dez sacos cheios de moedas, todos iguais, mas um deles só contém moedas falsas. As verdadeiras pesam 10 gramas cada uma e as falsas, 9 gramas. Você tem que descobrir qual é o saco que contém moedas falsas, usando uma balança de um prato só e fazendo apenas uma pesagem. O cobrador de impostos conseguiu passar no teste. Como?
2. Solução: Ele numerou as sacolas de 1 a 10 e tirou de cada uma delas tantas moedas quanto fosse o número da sacola. Pesou então todas as moedas. Se todas fossem verdadeiras, o resultado seria 550 gramas. A diferença a menos desse peso indica quantas moedas falsas foram pesadas. E o número da sacola de onde elas foram tiradas.

169. OS TRÊS MARIDOS CIUMENTOS

1. O animador faz a seguinte colocação: Três maridos ciumentos chegam, em companhia de suas esposas, à margem de um rio que devem atravessar. Só dispõem de uma pequena embarcação, que somente pode transportar duas pessoas ao mesmo tempo. Não é possível que uma esposa fique em companhia de um ou dois homens. Como fazer?

2. Solução: A senhora «A» juntamente com a senhora «B» atravessam o rio. A seguir a senhora «B» volta para buscar a senhora «C». Agora encontram-se três esposas num lado do rio e três maridos, no outro lado.

   A seguir a senhora «A» volta e fica com o seu marido, enquanto os outros dois maridos atravessam. A senhora «C» e seu marido voltam. O senhor «A» atravessa com o senhor «B». A senhora «C» irá buscar, uma após a outra, as duas mulheres que permaneceram no outro lado do rio.

   Moral: O ciúme é um defeito vil que complica a existência.

170. UM HOMEM CARIDOSO

1. O animador irá fazer a seguinte colocação: Um homem encontra um grupo de mendigos e resolve dar a eles, em partes iguais, todo o dinheiro que tem. O problema é que, se der nove cruzeiros a cada um, vão lhe faltar trinta e dois cruzeiros.

Depois de muito pensar, ele conclui não poder dar mais do que sete cruzeiros para cada mendigo, o que o deixa com a diferença de vinte e quatro cruzeiros. Quantos cruzeiros ele tinha e quantos eram os mendigos?

2. Solução: São 28 mendigos e ele tinha 220 cruzeiros. A soma entre o que lhe faltaria se desse 9 cruzeiros e o que lhe sobrou dando 7 cruzeiros é 32 + 24 = 56. Sendo «n» = número de mendigos, ele daria no primeiro caso = 9n e, no segundo, 7n. A diferença neste caso é 9n − 7n = 2n. Portanto, o resultado da primeira soma (56) corresponde a 2 vezes o número de mendigos. Os mendigos são, pois, 28 e o senhor tem 28 × 7 = 196 cruzeiros, mais os 24 que sobraram, ou seja, 220 cruzeiros.

171. A ALIANÇA MISTERIOSA

1. O animador forma um círculo com doze ou mais cadeiras, nas quais outras tantas pessoas se assentam.
2. A seguir faz-se uma argola de barbante, do mesmo tamanho do círculo de cadeiras e, antes de fechar esta argola, enfia-se nela uma aliança.
3. Uma pessoa fica em pé nesse círculo. As pessoas sentadas devem fechar as mãos em cima do barbante e executar movimentos constantes para fazer a aliança caminhar, de mão em mão, sem contudo deixar que a pessoa, colocada no centro do círculo, e em pé, veja onde está a aliança.

4. Cabe a essa pessoa adivinhar onde se encontra a aliança.
5. No momento em que declarar: Está com fulano, este deve levantar as mãos e, se a aliança não estiver com ele, a pessoa continuará no centro.
6. Se a aliança estiver com a pessoa indicada, esta irá para o centro, e a brincadeira continua.

172. BEM-TE-VI

1. O animador ordena que todas as pessoas da sala se retirem, enquanto ele esconde um determinado objeto.
2. Quando o tiver escondido, dá um sinal e todos voltam para a sala, na tentativa de procurar o objeto escondido.
3. Quando uma pessoa vir onde se encontra o objeto, não lhe cabe tocá-lo, mas dirá bem baixo no ouvido do animador: «BEM-TE-VI».
4. Se estiver certo, a pessoa que achou poderá sentar-se, enquanto as outras pessoas continuam a procurar o objeto.
5. Todos os que olharem vão dizendo: «Bem-te-vi» e vão sentando.
6. Quem ficar de pé, por último, perderá a brincadeira e pagará um brinde.

173. AMIGO OU AMIGA

1. O animador solicita que um participante do jogo se afaste do grupo.
2. Na ausência do voluntário que se retirou, os outros combinam entre si uma palavra que deve ser adivinhada pelo voluntário.
3. A um sinal dado, o ausente retorna ao grupo, tendo o direito de dirigir três perguntas a cada uma das pessoas do grupo.
4. A primeira pergunta aconselhável é: «É AMIGO?» Se lhe respondem: SIM, ele deve concluir que a palavra escolhida é masculina. Como segunda pergunta, sugere-se: «É SÓLIDO?» e como terceira pergunta lembramos: «TEM VIDA»?
5. Uma vez orientado sobre as principais características do objeto, vai multiplicando as perguntas, até adivinhar a palavra combinada. Se não conseguir, deve pagar um brinde.
6. As respostas só podem ser SIM ou NÃO. Não é permitido formular frases como resposta.

174. A BRIGA DO TRAVESSEIRO

1. Começa este jogo, sorteando-se dois concorrentes, que são colocados um em frente ao outro, apoiados num só pé, munidos cada qual com um travesseiro.
2. A um sinal dado pelo animador, começa a luta, cada qual procurando, com pancadas de travesseiro, derrubar o adversário.

3. Aquele que tocar com os dois pés no chão será eliminado e substituído por um outro concorrente.
4. Será aclamado vencedor aquele que conseguir eliminar todos os adversários.

175. CANGURU

1. O animador organiza os participantes em duas filas, com número igual de jogadores.
2. Dado o sinal, o primeiro jogador de cada uma das duas filas colocará a bola entre os joelhos e caminhará nessa posição até a extremidade do campo e voltará, sem deixar cair a bola; se porém tal acontecer, terá de repô-la entre os joelhos antes de andar.
3. Voltando, sairá o segundo, indo o primeiro formar à retaguarda da fileira.
4. Será vencedora a fileira que conseguir terminar por primeiro.

176. CORRIDA DOS SAPATOS

1. O animador exige que todos tirem seus sapatos, colocando-os atrás de uma determinada linha divisória, traçada inicialmente pelo coordenador da brincadeira.
2. Cada participante é enumerado e, com o mesmo número, marca-se o par de sapatos de cada qual.

3. A uma distância de uns 15 a 20 metros, amontoam-se todos os sapatos, que não podem estar amarrados e nem abotoados até em cima.
4. Dado o sinal, todos correm até a pilha de sapatos, procurando os seus, calçando-os e amarrando-os se for o caso.
5. Feito isso, voltam à linha divisória de partida.
6. O jogador que chegar por primeiro será o vencedor.
7. Para animar mais o jogo, pode-se formar dois «times», dando-se pontos de acordo com a ordem de chegada.

EDITORA VOZES

SEDE
PETRÓPOLIS, RJ
Internet: http://www.vozes.com.br
(25689-900) Rua Frei Luís, 100
Caixa Postal 90023
Tel.: (024) 237-5112
Fax: (024) 231-4676
E-mail: vendas@vozes.com.br

UNIDADE DE VENDA NO EXTERIOR
PORTUGAL
Av. Miguel Bombarda, 21 A – Esquina República
1050 – Lisboa
Tel.: (00351.1) 355-1127
Fax: (00351.1) 355-1128
E-mail: vozes@mail.telepac.pt

UNIDADES DE VENDA NO BRASIL
APARECIDA, SP
Varejo
(12570-000) Centro de Apoio aos Romeiros
Setor "A", Asa "Oeste"
Rua 02 e 03 – lojas 111/112 e 113/114
Tel.: (012) 564-1117
Fax: (012) 564-1118

BELO HORIZONTE, MG
Atacado e varejo
(30130-170) Rua Sergipe, 120 – loja 1
Tel.: (031) 226-9010 – atacado
(031) 222-7797 – varejo
Fax: (031) 226-9269
Varejo
(30190-060) Rua Tupis, 114
Tel.: (031) 273-2538
Fax: (031) 222-4482

BRASÍLIA, DF
Atacado e varejo
(70730-516) SCLR/Norte, Q 704, Bl. A, nº 15
Tel.: (061) 223-2436
Fax: (061) 223-2282

CAMPINAS, SP
Varejo
(13015-002) Rua Br. de Jaguara, 1164
Tel.: (019) 231-1323
Fax: (019) 234-9316

CUIABÁ, MT
Atacado e varejo
(78045-750) Rua Marechal Floriano, 611 – sl. 2
Tel.: (065) 623-5307
Fax: (065) 623-5186

CURITIBA, PR
Atacado
(80060-130) Rua Francisco Torres, 733 – Centro
Tel.: (041) 264-9112
Fax: (041) 264-9695
Varejo
(80020-000) Rua Voluntários da Pátria, 41 – loja 39
Tel.: (041) 233-1392
Fax: (041) 233-1570

FLORIANÓPOLIS, SC
Atacado e varejo
(88015-100) Rua Osmar Cunha, 183 – loja 15
Centro
Telefax: (048) 222-4112

FORTALEZA, CE
Atacado e varejo
(60025-100) Rua Major Facundo, 730
Tel.: (085) 231-9321
Fax: (085) 221-4238

GOIÂNIA, GO
Atacado e varejo
(74023-010) Rua 3, nº 291
Tel.: (062) 225-3077
Fax: (062) 225-3994

JUIZ DE FORA, MG
Atacado e varejo
(36010-041) Rua Espírito Santo, 963
Tel.: (032) 215-9050
Fax: (032) 215-8061

LONDRINA, PR
Varejo
(86010-390) Rua Piauí, 72 – loja 1
Tel.: (043) 337-3129
Fax: (043) 325-7167

MANAUS, AM
Varejo
(69010-230) Rua Costa Azevedo, 91 – Centro
Telefax: (092) 233-0154

PORTO ALEGRE, RS
Atacado
(90035-000) Rua Ramiro Barcelos, 386
Tel.: (051) 225-4879
Fax: (051) 225-4977
Varejo
(90010-273) Rua Riachuelo, 1280
Tel.: (051) 226-3911
Fax: (051) 226-3710

RECIFE, PE
Atacado e varejo
(50050-410) Rua do Príncipe, 482
Tel.: (081) 423-4100
Fax: (081) 423-7575
Varejo
(50010-120) Rua Frei Caneca, 12, 16 e 1
Bairro Santo Antônio

RIO DE JANEIRO, RJ
Atacado
(22280-060) Rua Elvira Machado, 5 – Botafogo
Tel.: (021) 295-1224
Fax: (021) 543-3621
Varejo
(20031-201) Rua Senador Dantas, 118-I
Tel.: (021) 220-8546
Fax: (021) 220-6445

SALVADOR, BA
Atacado e varejo
(40060-410) Rua Carlos Gomes, 698-A
Tel.: (071) 329-5466
Fax: (071) 329-4749

SÃO LUÍS, MA
Varejo
(65010-440) Rua da Palma, 502 – Centro
Tel.: (098) 221-5557, ramal 32
Fax: (098) 231-0641

SÃO PAULO, SP
Atacado
Rua dos Parecis, 74 – Cambuci
01527-030 – São Paulo, SP
Telefax: (011) 277-6266
Varejo
(01006-000) Rua Senador Feijó, 168
Tel.: (011) 3105-7144
Fax: (011) 3107-7948
Varejo
(01414-000) Rua Haddock Lobo, 360
Tel.: (011) 256-0611
Fax: (011) 258-2841
Varejo (PUC/SP)
(05014-001) Rua Monte Alegre, 984 – 1º andar
Perdizes
Telefax: (011) 864-1670
Tel.: (011) 3670-8194